AF341280

NOTICE

SUR

NOTRE-DAME

DES ARDILLIERS

DE SAUMUR

1a OCT 1930
DÉPOT LÉGAL
B.N. COLONIES

SAUMUR

IMPRIMERIE GIROUARD & RICHOU

4, PLACE DU MARCHÉ-NOIR

—

1930

NOTICE

SUR

NOTRE-DAME DES ARDILLIERS

DE SAUMUR

8° LK7 9221 B

NOTICE

SUR

NOTRE-DAME

DES ARDILLIERS

DE SAUMUR

4ᵉ ÉDITION

SAUMUR

IMPRIMERIE GIROUARD & RICHOU

5, PLACE DU MARCHÉ-NOIR

—

1930

DÉCLARATION DE L'AUTEUR

Pour se conformer aux Décrets du Souverain Pontife Urbain VIII et de la Sacrée Congrégation du Saint-Office, publiés en 1625, 1631 et 1634, l'auteur déclare et proteste qu'on ne doit ajouter aux faits racontés dans cette Notice, et spécialement aux faveurs prodigieuses obtenues par l'intercession de la Sainte Vierge, d'autre foi que celle qu'on peut avoir en une autorité purement humaine, et qu'il soumet le tout au jugement de la Sainte Église dont il sera toujours, avec la grâce de Dieu, le fils respectueux et obéissant.

AVIS AU LECTEUR

Dans la première édition de ce livre, nous lisons ce qui suit :

« Plusieurs personnes ont désiré connaître l'histoire du pèlerinage des Ardilliers. C'est pour satisfaire à ce pieux désir que nous publions cette petite Notice. Nous avons compulsé toutes les pièces authentiques manuscrites que le temps nous a laissées.

« Un de nos amis a bien voulu parcourir, dans les Bibliothèques de Paris et aux Archives du Royaume, tous les papiers des Pères de l'Oratoire; en sorte que ce livre n'est point de notre propre fonds. Il est l'écho fidèle de la voix du passé : c'est là tout son mérite. »

Ce mérite a suffi pour faire disparaître, en peu d'années, les nombreux exemplaires de la première et de la deuxième édition de cet opuscule.

Ces éditions étant épuisées, nous en présentons une quatrième au public.

L'ouvrage est le même, sauf quelques chapitres supplémentaires consacrés au récit des événements qui se sont produits depuis sa première publication. Le reste du livre n'est modifié que dans la forme et l'agencement. Certaines longueurs, autrefois justifiées, et désormais sans à-propos, ont disparu. Voilà toute la différence que l'on pourra trouver entre la première et les autres éditions.

Et maintenant, nous répéterons avec l'auteur principal de ce livre :

« Lisez-le donc, pieux fidèles, c'est à vous qu'il est dédié; c'est aux réparations de la Chapelle qu'en est consacré tout le profit. Puissiez-vous, en voyant la foi de vos pères, en admirant les prodiges que Dieu a opérés en leur faveur, ne point oublier que les mêmes récompenses attendent la même foi. Allez vous jeter aux pieds de Marie; sollicitez pour vous et pour moi la grâce d'aimer le Sauveur Jésus, et de persévérer jusqu'à la fin dans ce chaste et saint amour. »

NOTICE

SUR

NOTRE-DAME-DES-ARDILLIERS

DE SAUMUR

CHAPITRE PREMIER

ORIGINE DU PÈLERINAGE DE NOTRE-DAME-DES-ARDILLIERS

« La gentille, bien assise et bien aérée ville de Saumur s'élève sur le bord de la Loire, au pied d'un coteau abrupt; son beau fleuve bordé de quais, ses églises, son Hôtel de Ville gothique, son Ecole de Cavalerie lui donnent un aspect à la fois original et pittoresque. Ces monuments de tout âge se groupent harmonieusement et forment un ensemble des plus heureux. L'arrivée de Saumur frappe toujours les regards des étrangers et inspire le crayon des dessinateurs (1). »

Du pont Cessart, par exemple, on a devant soi, en remontant le cours de la Loire, un spectacle vraiment grandiose : le quai de Limoges qui s'allonge gracieu-

---

(1) *Notices Archéologiques* de M. d'Espinay (2ᵉ partie).

sement entre les rochers et le fleuve; le château en style flamboyant, bâti au xv⁰ siècle par le roi René (1); puis, dans le lointain, à l'extrémité de la ville, une coupole qui se détache avec élégance sur les masses verdoyantes du coteau. On dirait une sentinelle avancée commise à la garde de la cité.

C'est l'église des *Ardilliers*, ainsi nommée à cause de l'argile qu'on trouve en cet endroit et qu'on appelle vulgairement dans le pays *ardille*. Les chartes latines écrivent indifféremment : *ecclesia Argilliensis* ou *Ardilliensis*.

A quelques pas à peine, près d'un bois nommé le *Bois-Doré* ou *Bois-du-Roi*, il existe une fontaine dont les eaux merveilleuses attirent, depuis bien des siècles, un grand nombre de pèlerins.

Un procès-verbal de Pierre Tranchot, receveur des deniers de Saumur, en 1446, atteste que la vertu extraordinaire en fut constatée juridiquement dès le xv⁰ siècle, et que la ville fit prendre alors le niveau

---

(1) En 848, le comte des Bretons, Nomenoë, ayant brûlé le monastère de Saint-Florent-le-Vieux, les moines s'adressèrent à Charles le Chauve qui leur donna, pour les indemniser, un domaine appelé Villa-Joannis (ville Saint-Jean, Villejouin), avec ses dépendances, nommées *Lentiliacum* et *Canciacum*. La Villa-Joannis devint le centre de leurs possessions du Haut-Anjou. Elle avait pour noyau une église avec une petite abbaye dédiée à la Sainte-Vierge et à saint Jean. Autour de cette abbaye s'est formée la ville de Saumur, qui est née sous la crosse abbatiale de saint Florent.

Vers la fin du ix⁰ siècle, les habitants de la villa, pour se mettre à l'abri des invasions normandes, firent élever un donjon étroit comme un tronc d'arbre, nommé *Truncus*, dont Thibault le Tricheur fit plus tard une forteresse. La villa perdit alors son nom primitif pour prendre celui de *Murus* (Mur ou Meur). Mur devint *Salvus Murus* (Mur de Salut, Mursauf ou Saufmur), et, par contraction, *Salmurus* (Saumur), soit parce que la forteresse était inexpugnable, soit parce que les reliques de saint Florent la protégeaient. De cette forteresse, le roi René fit le château actuel. (*Notices archéologiques* de M. d'Espinay, *passim*).

pour la construction d'un canal, destiné à la faire couler jusque devant le .portail de l'église Saint-Pierre.

Pour une cause ou pour une autre, ce projet n'eut point de suite. Peut-être la Providence ne voulut-elle pas laisser détourner l'eau bienfaisante du lieu où la Vierge Marie allait fixer son séjour de prédilection.

Jusqu'à cette époque, nous n'avons aucune trace d'un culte spécial et local envers la Sainte Mère de Dieu. C'est une simple source à laquelle vient puiser, avec la foi confiante que donne généralement l'épreuve, l'homme malheureux ou souffrant.

Mais bientôt les choses vont changer de face.

En l'année 1454, huit ans après qu'on eut projeté la construction du canal, un homme du faubourg de Fenet découvrit, en travaillant auprès de la fontaine, une petite statue de la Sainte Vierge.

C'est un groupe, sculpté dans une pierre fort dure, qui représente la Mère-des-Douleurs, assise, tenant sur ses genoux le Christ mort. Il mesure environ trente-cinq centimètres de hauteur (1).

Comment cette statue gisait-elle enfouie dans cet endroit ? Nous sommes, sur ce point comme sur beaucoup d'autres, réduits à de simples conjectures : les protestants ont tout pillé, les titres aussi bien que les richesses de la Chapelle, lorsqu'ils se sont rendus maîtres de Saumur (1562).

Peut-être avait-elle été sculptée par le moine Absalon. de l'abbaye de Saint-Florent, qui, fuyant devant les Normands, au IX⁰ siècle, s'était réfugié dans le *Bois-*

____

(1) On peut le voir, exposé à la vénération des fidèles, dans une grotte placée au pied du rétable, sur l'autel même du pèlerinage consacré sous le vocable de *Notre-Dame-des-sept-Douleurs*. A la droite de la Vierge était autrefois un ange agenouillé qui soutenait dans ses mains la tête du Sauveur. Nous aurons plus tard l'occasion de dire comment il disparut à la Révolution.

Doré et y avait pris pour abri une excavation creusée dans le rocher. Peut-être vaut-il mieux s'en tenir à une note manuscrite, émanée d'un Père de l'Oratoire, et qui date du siècle dernier. « Il semble fort probable, dit l'auteur, que cette figure est un reste précieux de l'ancienne abbaye de Notre-Dame et de Saint-Jean-Baptiste, située à peu près dans ce lieu, et donnée par Charles-le-Chauve aux moines de Glonne ou de Saint-Florent-le-Vieux, mais bientôt après détruite par les hordes normandes. »

Quoi qu'il en soit, cet homme découvrit donc la statue près de la fontaine où il travaillait. Il l'emporta chez lui. Quel ne fut pas son étonnement, le lendemain, quand il aperçut, à la même place, une seconde image de la Vierge, exactement semblable à la première? Plus grande encore fut sa surprise, le soir, de ne pas retrouver à la maison celle qu'il y avait apportée la veille. Par précaution, il mit sous clef sa nouvelle statue, et cependant, pour la troisième fois, il la retrouva au même lieu que les deux jours précédents.

Il s'empressa de publier ce prodige dans Saumur. Quels furent les premiers sentiments de la population? Nous ne saurions le dire. Mais, le fait devenant public et notoire, on finit par examiner avec attention les différentes circonstances de ce récit, et on fit une enquête sérieuse après laquelle fut tenue une assemblée de ville, où l'on vota la construction d'un arceau de pierres. L'arceau fut bâti, aux frais de la commune, dans le courant même de l'année (1).

Ce modeste arc-de-triomphe ne mettait point la pieuse image à l'abri des injures de l'air, ni de certaines rivalités envieuses des paroisses limitrophes qui n'avaient

------

(1) Cette dépense était consignée dans les comptes du receveur municipal, lesquels n'existent plus aujourd'hui. Le registre le plus ancien qui reste à la mairie ne remonte qu'à l'an 1622.

point tardé, paraît-il, à vouer une grande confiance au nouveau pèlerinage. Chacun pouvait atteindre de la main le groupe vénéré. Cette facilité fit naître chez quelques étrangers la tentation de s'approprier le précieux trésor.

Ce fut un paysan qui, le premier, mit en pratique cette étrange dévotion, dans le but d'enrichir son église de cette statue « près de laquelle on venait en grand concours de toutes parts (1) ». Une force invisible et mystérieuse le maintint sur place, roide et immobile, jusqu'à ce qu'il eût demandé pardon de cette coupable entreprise.

Quelque temps après, sa religion mal entendue trouvait des imitateurs qui, fort heureusement, n'eurent pas plus de succès.

Trois personnages des environs de Mirebeau revenaient, un vendredi, de Saumur où les avait appelés un procès. Avaient-ils gagné leur cause ? Voulaient-ils en témoigner leur reconnaissance à la Sainte Vierge ? Peu importe. Toujours est-il qu'ils s'avisèrent, eux aussi, de dérober la statue. Nous citons textuellement : « Ils la prennent et la mettent dans un bissac, sur un de leurs chevaux, avec une pierre de l'autre côté, pour servir de contrepoids. Mais c'est en vain que l'on veut faire marcher le cheval. On transporte successivement la statue sur deux autres que l'on ne peut faire marcher d'un pas. Nos trois plaideurs furent contraints de remettre en place la statue, afin de pouvoir regagner leur logis.

----

(1) Voir l'*Histoire de l'origine de l'Image et de la chapelle de Notre-Dame-des-Ardilliers de Saumur, en Anjou*. Ce livre fut imprimé à Saumur, chez de Gouy (1715). Toutes les citations qui seront mises entre guillemets, sans autre indication, lui seront empruntées.

Nous mettrons pareillement entre guillemets tout ce que nous tirerons textuellement de la première édition de ce livre.

« Huit jours après, ils revinrent et remontrèrent aux personnes de leur connaissance quel peu de soin l'on prenait d'un si grand trésor. Ils firent plus, et ils déposèrent dans un acte public tout ce qui leur était arrivé. »

Voilà, certes, une espèce de voleurs qui, de nos jours, est malheureusement beaucoup plus rare que toutes les autres.

La sollicitude des Saumurois fut aussitôt mise en éveil, et il leur vint en pensée de remplacer l'arceau par une chapelle.

« Le procureur du roi remontra au lieutenant-général qu'il abordait un grand nombre de pèlerins auprès de la fontaine des Ardilliers, pour offrir leurs vœux à la Sainte-Vierge. Il y a danger, lui dit-il, que le lieu demeurant exposé aux injures de l'air et devenant inaccessible à cause de la boue qu'y entretiennent et le concours des pèlerins, et l'abondance des pluies, et la nature du terrain, la dévotion envers la Sainte Mère de Dieu ne diminue par notre faute, au grand dommage de tout le peuple. »

Saluons, en passant, ce noble et beau langage, digne d'une époque où l'on avait le bon sens politique de respecter *l'âme du peuple*, et de favoriser les sentiments religieux ainsi que les pratiques chrétiennes.

On eut égard à la requête. Appel fut fait à la générosité du public, et bientôt arrivèrent de toutes parts les aumônes. Le lieutenant-général, François Mingon, dut charger deux bourgeois de la ville de les recueillir et d'en surveiller l'usage. Pierre Hardré et Louis Hervé furent les deux administrateurs nommés par ordonnance du 12 juillet 1534. Grâce à leur diligence, on put poser la première pierre de la chapelle vingt jours après.

Pour perpétuer le souvenir de cet événement, on grava sur une table de cuivre une inscription latine dont voici la traduction : « L'an 1534, le 1ᵉʳ jour d'août, d'après le vœu et aux frais communs des magistrats et du peuple saumurois, Louis Hervé et Pierre Hardré, leurs délégués, ont fait jeter les fondements de cette chapelle, sous le pontificat de Paul III, Mgr Jean Ollivier étant évêque d'Angers, et François Ier, roi des Français, sous l'administration de François Mingon, lieutenant-général, de Guillaume de Rennes, procureur du roi, de Mathieu de Thorigné, avocat du fisc, de Jean de Castaignier, maire, et de Guillaume Bourceau, échevin (1). »

Telle est l'origine de ce pèlerinage que nous allons voir devenir, de jour en jour, plus célèbre.

---

(1) *Anno salut. M D.XXXIV, die primo mensis Aug. ex voto et communi ære Magistr. Populiq,: Salmur, Ludovico Hervé et Pedro Hardré procurentibus, fundamenta hujusce ædis jacta fuere, Paulo III, pontif. Max. Romanæ sedis navisque S. Petri gubernaculum temperante. Joanne Olivario antistite Andegav. Francisco I, Franc. rege regnante. Jurisd. Salm. Habenas moderantibus Francisco Mirgon, præsi. Guillelmo de Rennes, cognit. consilia. regio. Matthæo de Thorigné, advocato fisci. Joanne Castaignier, præfecto. et Guill. Bourceau, decurio.*

CHAPITRE II

INTERVENTION DE L'AUTORITÉ ÉPISCOPALE ET CRÉATION D'UNE AUMÔNERIE

C'est par le seul concours des fidèles que la dévotion à Notre-Dame-des-Ardilliers prit une extension rapide, car il y avait plus d'un siècle déjà que la statue avait été trouvée quand l'autorité ecclésiastique sanctionna pour la première fois, d'une manière solennelle, cette dévotion populaire. Nous ne voyons, en effet, aucune intervention de juridiction épiscopale avant la dédicace de la première chapelle, par Mgr Gabriel Bouvery, évêque d'Angers (30 juillet 1553).

Telle est la marche ordinaire de l'Eglise Catholique. Lorsqu'il plaît à Dieu de manifester miraculeusement sa puissance, elle laisse se produire les événements et se dessiner l'action de la Providence ; elle temporise, et temporise encore, quelquefois jusqu'à se laisser accuser d'une incompréhensible lenteur. Imputation légère, irréfléchie, car cette lenteur est une nouvelle preuve de sa prudence et de sa sagesse.

A partir du jour où l'initiative particulière et personnelle fut, pour ainsi dire, officiellement autorisée et comme marquée du sceau de Dieu, l'affluence de pèlerins devint si considérable qu'on jugea nécessaire d'assurer, d'une manière régulière et permanente, un service religieux à la chapelle.

Située sur le territoire de Nantilly, elle avait eu naturellement pour premiers desservants les prêtres de cette paroisse. Mais, dit un manuscrit conservé dans les archives de la Mairie : « La chapelle de Nostre-Dame-des-Ardilliers estant devenue une des plus célèbres et des plus fréquentées du royaume, Messieurs de la ville de Saumur délibérèrent de donner ladite chapelle aux prestres minimes, mais Monseigneur d'Angers n'y voulut pas consentir. Ils jugèrent alors qu'ils ne pouvaient la mettre en meilleures mains... qu'entre celles des prestres de l'Oratoire qui commençoient dès lors à donner des marques de leur zèle et de leur piété dans les lieux où ils estoient appelés. Ils firent plusieurs assemblées de ville pour l'exécution de ce pieux dessein, et enfin ils donnèrent procuration à Monsieur l'abbé de Bourgueil, avec pouvoir de présenter requestre au Roy au nom de la ville... Cette procuration fust signée de tous les principaux habitants, le 27 février 1614, et la requête présentée à sa Majesté au mois d'aoust de la même année...

« Cette requestre fust reçue agréablement du Roy Louis XIII° d'heureuse mémoire, et il accorda des lettres patentes portant que la chapelle de Nostre-Dame-des Ardilliers estoit octroyée à perpétuité aux prestres de l'Oratoire, avec les maisons, terres, rentes, possessions, meubles, ornements, argent, biens, aumosnes qui ont été cy-devant et pourront estre faites cy-après, et généralement toutes les choses quelconques qui luy appartiennent et en dépendent. Sa Majesté se déclare, en mesme temps, fondateur de ladite maison et église de Nostre-Dame-des-Ardilliers, donnant pouvoir de construire et faire toutes les acquisitions que lesdits prestres de l'Oratoire jugeroient convenables pour leur establissement, à la charge de prier Dieu pour la prospérité, pour le repos et la tranquillité de son royaume (1). »

Ces lettres, accordées à Angers au mois d'août 1614,

---

(1) Manuscrit de la mairie de Saumur.

furent vérifiées en Parlement le 23 février de l'année suivante, époque à laquelle l'évêque d'Angers donna, de son côté, le consentement nécessaire. Le clergé de Nantilly, probablement poussé par quelque pieux motif, en appela de la décision royale et fit opposition, de sorte que les Oratoriens ne purent entrer immédiatement en jouissance de leur établissement. Toutes les difficultés ne furent définitivement levées que quatre ans plus tard (24 mars 1619).

« L'abbé de Saint-Florent avait aussi des droits à exercer sur ce même territoire. Il ratifia le don qui en était fit aux Oratoriens aux conditions suivantes : « 1° Ceux-ci devaient dire une messe haute tous les ans, le jour de la fête de saint Florent ; 2° Quand le dit sieur abbé venait dans ladite chapelle, on lui laissait le maître autel pour dire la messe, et il était assisté de trois prêtres de l'Oratoire ; 3° on devait laisser ce même autel libre aux religieux de Saint-Florent quand ils venaient processionnellement à la chapelle ; 4° enfin, on devait payer au prieur, curé de Nantilly, cent vingt livres de rente perpétuelle, payables, la moitié à la Saint-Michel et l'autre à Nostre-Dame-de-Mars. » Cet acte est du 5 juillet 1622 (1).

L'évêque d'Angers permit aux Oratoriens d'exercer toutes les fonctions de leur ministère dans son diocèse, « à la charge de faire un service des morts pour l'âme de Messieurs les évesques d'Angers ». Cet acte est en parchemin, du 2 may 1623.

Le pèlerinage prit alors une importance qui s'accentua de jour en jour. Nous allons en indiquer les diverses phases, depuis son origine jusqu'à notre époque.

---

(1) Manuscrit de la mairie.

CHAPITRE III

CONSÉCRATION DE PLUSIEURS VILLES
A NOTRE-DAME-DES-ARDILLIERS

Ce qui prouve tout d'abord, d'une manière convaincante, la renommée de ce pèlerinage, c'est l'empressement des populations à se mettre sous la protection de Notre-Dame-des-Ardilliers.

L'honneur de donner ce salutaire exemple revenait tout naturellement à Saumur. Or, cette ville comprit assez bien ses intérêts les plus sacrés, pour ne point abandonner à d'autres l'insigne privilège de créer les manifestations officielles de la reconnaissance et de l'amour.

Sans aucun doute, le projet de construction d'un arceau de pierres, voté en assemblée générale (1454), pouvait être considéré comme une première consécration de la ville ; mais cette démarche ne paraissant pas assez explicite et assez solennelle, les autorités résolurent d'en faire une seconde, plus expresse et aussi plus imposante.

C'était le 30 avril 1615. Duplessis occupait alors le château de Saumur.

Il n'entre aucunement dans notre plan de faire une dissertation historique sur ce point : la ville était-elle, oui ou non, calviniste ? La seule réflexion que nous voulions nous permettre à ce sujet c'est que les registres de l'état-civil et le fait lui-même que nous allons raconter semblent prouver en faveur de la négative (1).

____

(1) Voir, à la fin de la Notice, une note sur ce sujet.

Convoqués au son du beffroi, les habitants se réunissent en assemblée générale et prennent une délibération publique dont il existe encore, dans les archives de l'Hospice, un extrait écrit de la main du greffier. Voici cette pièce, admirable pour sa foi simple et sa piété fervente :

« *Extrait d'une assemblée de ville, tenue au palais roïal de Saumur, par devant monsieur le Séneschal et Maire audict lieu, le dernier apvril mil six cent quinze.*

« Sur ce qui a esté remonstré par le procureur du Roy, que de temps immémorial les habitans de ceste ville de Saumur ont esté portez de dévotion particulière vers la Vierge Marie, l'église première et principale d'icelle ayant esté dédiée en son honneur, où elle a faict reluire ses grâces et faict infinis miracles lesquels elle a continuez en la chapelle de la fontayne des Ardilliers, de sorte qu'il se peut dire qu'elle a pris ceste ville soubz sa protection et sauvegarde singulière, en quoy elle s'est voulu monstrer estre leur patrone et advocate, ce que recognoissant, nos prédécesseurs auroient de coustume, par vœu solennellement faict en leur maison de ville (comme il en appert par les comptes de Pierre Tranchot, recepveur de leurs deniers commungs, rendus l'an mil quatre cent quarante-six et aultres), de faire brusler ung cierge jour et nuict devant l'image de Nostre-Dame en l'église de Saint-Pierre de ceste ville, — c'est pourquoy, ressentant en nos jours de cette saincte Vierge tant de bienfaicts, il ne restoit auxdits habitans sinon que luy en rendre grâce et se soubzmettre par vœu solennel, eux et leur ville en sa sauvegarde et protection à l'exemple et imitation de leurs pieux ancestres et de tant d'aultres villes, qui ont esleü ceste Vierge pour dame et maîtresse ; de la supplier très-instamment de les vouloir prendre, tant en général qu'en particulier, en sa tutelle et défense, les tenir en bonne amitié et concorde soubz l'obéissance de Louis treizième, roy de France très-chrestien, ce qu'il requeroit estre faict par vœu public et solennel.

« Sur quoy la matière mise en délibération, du consentement de tous, a esté jugée juste, pieuse et équitable, et ont esté priez messieurs les seneschal, procureur du roy, eschevins et procureur syndicq la faire exécuter de poinct en poinct et en faire expédier acte signé d'eux et du greffier de ville.

« Pour perpétuelle mémoire,

« CHARTIER, greffier de ville. »

Dès le lendemain, les autorités désignées ci-dessus pour dresser acte du vœu des habitants, se réunirent et rédigèrent un écrit muni de leurs signatures et qui s'est conservé comme le précédent. Nous allons en rapporter les passages les plus importants.

« *Vœu de Messieurs les habitants de Saumur.*

« Comme la dilection est réciproque de Dieu aux hommes qui l'ayment, aussy la Vierge chérit ceulx que son Fils ayme ; et ceulx qui la recognoissent pour mère de Dieu, elle les répute comme ses enfants et les tient en sa protection et sauvegarde, sy bien qu'en leurs nécessitez ils l'espreuvent vrayment mère ayant soing de ses enfants qui ont recours à elle. Ce que les officiers du roy, nobles, bourgeois et habitants de Saumur ayant expérimenté plus particullèrement que aulcuns autres par les fréquens miracles, signes admirables et grandes merveilles qu'il a pleü à la divine bonté faire paroistre en leur ville de temps immémorial par ses intercessions en deux églises dédiées en l'honneur de son nom, lesquels elle multiplie et continue journellement en celle de la fontayne des Ardilliers, de sorte qu'il semble qu'elle ayt voulu prendre un soing sy particulier d'eux, que s'il y eut jamais ville qui ayt porté le nom de la Vierge, celle-cy a meilleur tiltre le debvroit avoir pour tant de bien-faicts particuliers ; c'est pourquoy épris, par une nouvelle ferveur conceüe en leurs âmes, de tant de merveilles, ils se soubzmettent aujourd'hui eulx et leur ville en sa sauvegarde et protection, la recognoissent et déclarent pour leur dame et patronne à l'exemple de tant d'aultres villes et même de royaulmes entiers qui se sont mis sous sa tutelle ; sachant bien que, comme il est impossible à la diligence et industrie humayne de faire sa maison et sa demeure sy Dieu n'y apporte sa bénédiction, de mesme, pour quelque vigilance et soing que l'on apporte à maintenir une ville en paix et la garder de trouble et de surprise, sy Dieu ne la couvre de sa spéciale protection, l'on y travaille en vain ; car quelle défense plus assurée pourroient-ils choisir après Dieu que celle de la Vierge glorieuse sa mère... Aussy est-ce à vous, Vierge forte, qu'ils ont recours ; soïez leur advocate envers vostre fils, puis-qu'il vous plaist l'estre de tous les mortels qui vous veulent choisir pour telle et gangner le ciel sous votre protection ; qui avez esté leur défense assurée, leur montrant votre secours aussi prompt comme sy mani-festement vous leur eussiez tendu la main du ciel pour les saulver de naufrage et les rétirer d'ung grand déluge et de tant d'eaux quy les menaçoient d'une ruyne totale (1); et ainsi, se voyant par tant de manières obligez à vous ; ne voulant permettre que le cours de tant de biens-faicts tarist et desséchast par leur ingra-titude ; par mille actions de grâces ils vous renvoyent ces biens que leur avez si libéralement donnez, afin

---

(1) Allusion à ce qui était arrivé cette année même. Le 15 mars, la Loire déborda et la ville fut inondée pendant quinze jours.

que comme les rivières et fontaynes par leur reflux en la mer reçoivent le flux et le cours des eaux, ils en obtiennent de vous la continuation ; et sy leurs prédécesseurs ont sy dévotieusement faict construire un temple où vous espanchez tant de grâces, faictes les y participans et que le souvenir de ces merveilles demeure à jamais empreint dans leur cœur comme un vif et pregnant mémorial pour les exciter à rendre honneur, louanges et grâces immortelles au fils et à la mère, se réjouissant qu'à leur ville Dieu ayt donné sy libéralement une telle forteresse, la remplissant de tant de dons et de bénédictions, qu'il ayt pris plaisir de la sanctifier, changeant la substance de la pierre en abondance d'eaux pour abreuver son peuple, et un rocher en fontayne d'eau-vive, et du cours doucement impétueux du grand fleuve inépuisable de sa grâce sans cesse arrousant cette cité... ce quy faict qu'ils bénissent incessamment en ceste église de la fontayne de Notre-Dame-des-Ardilliers le Seigneur des fontaines d'Israël. Plaise à sa divine bonté les arrouser de l'eau vivifiante de sa grâce, et continuer à les favoriser et combler de ses sainctes bénédictions, et les environner des murs inexpugnables de sa saincte protection, afin que l'édifice de son église y soit establi, y mettant de bons ouvriers qui l'édifient de sa saincte doctrine, de sacremens et de bons exemples, bâtissant les murs de la céleste Hiérusalem des pierres vives propres au bastiment éternel préparé à ses elleuz : Tenez-les donc, ô mère de Dieu, eulx et leur ville en vostre patronage et saulve-garde : liez-les d'une amitié saincte et d'une concorde perpétuelle soubz l'obéissance de notre roy très-chrestien Louis treizième qu'il plaise à Dieu de conserver long-temps pour le bien de son église et du royaulme, luy donnant longue et heureuse vie, et recevez la recongnoissance pieuse qu'ils en font en vostre chapelle des Ardilliers par vœu solemnellement faict en leur Maison-de-Ville, le dernier jour d'apvril mil six cent quinze, par nous Jean Bonneau, escuyer, sieur de la Maison-Neuve, conseiller du roy, séneschal et lieutenant-général en la ville, ressort et seneschaussée de Saumur ; Guillaume Bourneau, escuyer, sieur de Beauregard, conseiller du roy et procureur pour sa majesté en ladicte ville, ressort et seneschaussée ; Philippe Marays, sieur du Bouchet, receveur des consignations et greffier ordinaire en ladicte seneschaussée ; Nicolas Virdoulx, cy-devant receveur des traictes, eschevin de ladicte ville; et Charles Jaunay, advocat et procureur syndicq desdicts habitants ; en tesmoignage de quoy ils ont faict et produict cet acte signé d'eux, pour perpétuelle mémoire, par maistre Chartier, greffier ordinaire de ladicte ville, le premier jour de may mil six cent quinze.

> « Signé : Bonneau, Bourneau, Marays, Virdoulx, Jaunay, procureur-syndicq ; Chartier. »

Par cette démarche édifiante, Saumur donnait l'impulsion à un mouvement qui ne devait pas tarder à se propager de ville en ville.

Poitiers et Montmorillon firent vœu d'envoyer à perpétuité, chaque année, des députés à Notre-Dame-des-Ardilliers, chargés d'implorer la sainte Vierge pour leurs concitoyens.

Voici l'acte dressé par la ville de Montmorillon :

« Aujourd'huy, vendredy, 27ᵉ jour de juin mil six cent trente et ung, en l'assemblée des curez, officiers, manans et habitans de la ville et paroisse de Saint-Martial de Montmorillon, faicte au couvent des révérends pères Récollects de cette dicte ville, en laquelle assemblée a esté arresté et conclu, veu les grandes adversitez et maladies contagieuses dont il plaist à Dieu nous affliger, pour la délivrance d'icelles, les habitans de ladicte ville et paroisse iront en procession en l'église de Saint-Antoine-de-la-Foucaudière, conformément à l'ancienne piété et dévotion de nos majeurs tous les ans à perpétuité ; a esté d'abondant arresté, à la mesme considération que dessus, qu'annuellement et perpétuellement quatre personnes de ladicte ville et paroisse, à sçavoir le prieur ou curé d'icelle ou quelqu'ung de leurs vicquaires, ung des officiers, ung des sieurs fabriqueurs et ung des habitants et bourgeois de ladicte ville et paroisse, offrir leurs vœux et prières à l'église et chapelle de Notre-Dame-des-Ardilliers lez Saumur, lesquels voyages ils feront par les ausmones et charitez des habitans de ladite ville et paroisse ; pour plus authentiquer lesdicts vœux tant à Notre-Dame-des-Ardilliers qu'à Saint-Antoine de la Foucaudière, les avons offerts à Dieu au pied de son autel dans l'église paroissiale de Saint-Martial à Montmorillon en la célébration de la sainte messe qui se chantera solemnellement avecq diacre et soubz-diacre le jour et fête de Saint-Martial, patron et titulaire de ladicte paroisse, et pour plus grande approbation et confirmation de ces vœux, avons signé les présentes de nos seings, les jour et an que dessus.

« J. Michel Dagobert, récollect ; A. Richard, lieutenant-général ; Donadieu, conseiller ; Pineau, advocat; Demaillasson, Survilliers, G. de l'Erpinière ; F. de l'Erpinière, F. Glabat, N., P. Caillaud, L. Piat, L. Caillaud, J. Brisson, L. Péal, N., J. Goudon, J. Coubar, N., l'Amoureux, A. Argenton, J. Argenton, Eustache-Crugeon, L. Moreau, messager ; L. Moreau, recteur et curé de ladicte paroisse de Saint-Martial de Montmorillon. »

Celles et Saint-Aignan, dans le Berry, donnèrent, comme gage de leur consécration, chacune un tableau. Nous avons la bonne fortune de les posséder encore tous les deux.

L'un représente la ville de Saint-Aignan qui s'offre à Marie par ses deux patrons, saint Prisque et saint Aignan. Il a pour légende ces quatre vers latins :

Sancti Anianensis tibi voto et mente dicatos
  Condidit en cives pictor in oppidulo.
Hoc tibi servandum sancti retulère patroni
  Accipias, nato desque, Maria, tuo.

M. l'abbé Gautier, vicaire à Saint-Pierre de Saumur, en a fait la traduction suivante :

Vous voyez Saint-Aignan tracé par le pinceau :
  Cette cité fidèle, à sa mère chérie
Par ses saints protecteurs s'offre dans ce tableau ;
  Pour l'offrir à Jésus, recevez-la, Marie.

Ce tableau, paraît-il, ne manque pas de qualités dignes de le recommander à l'attention des observateurs.

Pour être moins curieux au point de vue de l'art, celui qui fut donné par la ville de Celles n'est pas moins respectable par son origine et son antiquité. L'inscription suivante en indique la provenance :

Ce tableau a été donné à Notre-Dame par la ville de Celles, pour accomplir le vœu que les habitants de la ville lui ont fait, à cause de la maladie contagieuse de l'année 1631.

Riom, capitale de l'Auvergne, se mit aussi sous la protection de la Sainte Vierge, et, pour témoignage perpétuel de son vœu, elle fit présent d'un portrait de saint Amable, son patron, brodé en relief d'argent, avec cette inscription sur la base : *Les habitants de la ville de Riom, capitale de l'Auvergne, offrent dans le temple de la mère de Dieu à Saumur, cette image de leur patron saint Amable à l'indivisible et adorable Trinité, par l'entremise de la très-sainte Vierge, pour l'extinction des fièvres qui désolent leur ville et toute la contrée d'alentour. Le 17 des calendes de juillet 1631* (1).

La ville de Bourges, affligée de la peste, eut recours à la Sainte Vierge, en la chapelle des Ardilliers. Nous pouvons donc dire avec le livre dont nous empruntons les paroles : « C'est un effet particulier de la providence de Dieu que, pour le commencement de ce nouveau recueil, nous ayons un miracle si authentique qu'il pût servir pour confirmer la vérité des autres... Car si tout un peuple a recours... à la force et à la puissance des intercessions de la Sainte Vierge, et si une des plus grandes villes du royaume publie par autant de bouches qu'elle a d'habitants, ses grâces et ses faveurs, qui ne croira volontiers que quelques familles en ont pu recevoir des secours très-particuliers, puisqu'une province entière l'avoue... et qu'enfin, elle peut guérir ces maladies ordinaires qui viennent de la nature, puisqu'elle a appliqué le remède à celle qui n'a point d'autre source que le ciel et les mains de Dieu.

« L'an de grâce 1636 eût été une année de rigueur à tout le Berry, et particulièrement à la capitale de cette province, par une peste très-dangereuse qui, infectant toute la ville, menaçait le pays, si par un effet de bonté très signalé, la Sainte Vierge n'en eût arrêté le cours, en éteignant cet incendie que les pleurs du peuple affligé n'avaient pu apaiser. Cette province avait déjà été

---

(1) *Hanc divi Amabilis sui tutelaris imaginem summæ atque semper adorandæ Trinitati per beatissimam Virginem pro extinguendis febrium in urbe suâ grassantium ardoribus, et arcendâ quæ circumquaque infestat lue. in hac Salmuriensi æde Deiparæ Virgini sacrâ supplices offerunt, vovent, dedicantque Rioni urbis principis in Arvernia cives 17 Kal. Quintileis, eidem SS. Trinitati dicato anno Verbi incarnati* MDCXXXI.

menacée de ce mal une autre fois, et n'avait point eu de plus prompt remède dans sa misère et désolation générales que d'avoir recours à la Mère de miséricorde et de compassion, dans un lieu qui lui est dédié sous ce titre aux Ardilliers, à Saumur ; et comme les bienfaits reçus nous avertissent que nous pouvons en attendre de nouveaux de la même main dont nous les tenons une fois, les habitants de Bourges espèrent des intercessions de la Sainte Vierge la guérison de la même maladie.

« Cette attente ne fut pas vaine ; car leur vœu de venir rendre leurs devoirs dans le lieu que N.-S. a rendu illustre par tant de prodiges, ne fut pas plustôt exprimé par la bouche des maires et échevins qui sont la langue publique, après avoir été conçu dans le cœur des particuliers, que, par une merveille étonnante qui fit succéder la joie à la tristesse, cette reine des anges les délivra de cet épouvantable fléau... et leur apprit quelle confiance on doit avoir en implorant son secours.

« Ceux que le peuple avait choisis pour faire le vœu, l'exécutèrent et vinrent à Saumur le 29 mars 1637, portant les remerciements des habitants qui s'étaient tous unis en leurs personnes pour se prosterner aux pieds de la très-sainte Vierge et lui rendre leurs hommages (1). »

Nous reproduisons les actes écrits que les députés laissèrent entre les mains de l'Oratoire. Le vœu de la ville était ainsi conçu : « Glorieuse et très-sainte Vierge, tutrice et protectrice de cette ville de Bourges, nous sommes ici la plus saine partie de ce corps, prosternés aux pieds de votre grandeur pour réitérer les annuelles actions de grâces que nous sommes obligés de vous rendre d'un si signalé bénéfice que par votre entremise nous avons autrefois obtenu, de la garantie d'une générale contagion qui nous affligeait. Aujour-

---

(1) *Histoire de l'origine de l'Image...*

d'huf, nous sommes vexés d'un pareil mal et menacés peut-être d'un plus grand. Si c'était votre plaisir de vous présenter de rechef pour notre avocate à l'endroit de votre cher fils, justement irrité contre nous par nos offenses, et de retenir sa main, nous vous promettons et vouons en la présence de cet adorable et ineffable sacrement de son précieux corps, qu'aussitôt qu'il aura jeté les yeux de sa miséricorde sur les habitants de cette ville et lieux circonvoisins, deux des eschevins présents se transporteront ès lieux de Notre-Dame-des-Ardilliers et Saint-François-de-Paule en la ville de Tours, pour là y faire leurs actions de grâces. »

Voici maintenant l'acte d'accomplissement du vœu que nous avons entre les mains :

« Nous, Mayre et Eschevins de la ville de Bourges, estant partis de ladicte ville pour accomplir le vœu faict le premier jour de juin dernier, pour la conservation de la ville affligée de la maladie contagieuse, de rendre nos très-humbles actions de grâces en ce lieu de Nostre-Dame-des-Ardilliers, s'il plaisait à Dieu par l'intercession de sa glorieuse mère de jeter ses yeux de miséricorde sur icelle ville et lieux circonvoisins d'icelle, certifions que ledict vœu ayant esté pris et prononcé, la ville auroit esté grandement soulagée et la maladie qui sembloit se debvoir augmenter, merveilleusement diminuée. En signe de quoy, nous avons signé la présente attestation, ce dimanche, vingt-neufviesme jour de mars mil six cent trente et sept.

> « JAUPITRE, maire de ladicte ville.
> « REGNIER, eschevin de ladicte ville.
> « DROUET, eschevin lors dudict vœu. »

CHAPITRE IV

PERSONNAGES CÉLÈBRES A NOTRE-DAME-DES-ARDILLIERS

Pendant que les villes se mettaient officiellement sous le patronage de la Vierge des Ardilliers, il y avait, à son sanctuaire, affluence de pèlerins isolés. Le peuple n'était pas seul, dans sa foi naïve, à suivre ce mouvement de dévotion confiante, car les princes et les rois eux-mêmes, attirés par l'éclatante réputation du pèlerinage, s'empressaient d'accourir à ce rendez-vous sacré des fidèles serviteurs de Marie.

Après avoir fait une première visite à Notre-Dame, en 1621, Louis XIII y revint, sept ans plus tard, quand fut prise La Rochelle, attribuant ce glorieux succès à la protection spéciale de la Mère de Dieu, et voulant lui en témoigner sa reconnaissance par d'humbles prières en même temps que par un présent royal. Deux superbes candélabres en argent massif, qui mesuraient six pieds de hauteur, furent le don de ce pieux monarque. La reine, Anne d'Autriche, s'associa aux libéralités de son auguste époux qu'elle avait accompagné.

Cet exemple fut suivi par d'illustres personnages, au nombre desquels l'histoire mentionne Louise de Lorraine, douairière de France et de Pologne ; Marie de Médicis, reine-mère ; Henriette d'Angleterre, fille de Henri IV, laquelle fit, aux Ardilliers, sa première communion. C'est la célèbre reine dont les malheurs et le courage ont été immortalisés par l'oraison funèbre, chef-d'œuvre de Bossuet.

Il est une autre personne qui, à plusieurs titres, mérite une mention spéciale. J'ai nommé Mme de Montespan, aussi célèbre par son repentir édifiant que par la partie scandaleuse de sa vie. Cette femme, autrefois si hautaine et si fière, maintenant pleine de résignation, de repentir et d'humilité, habita une maison des Oratoriens, située près de leur couvent, et appelée le *Jagueneau*. On la voit encore à l'extrémité du jardin de la *Providence* (1).

Là, seule et loin du monde, elle n'avait plus de rapports qu'avec sa sœur, la célèbre marquise de Rochechouart, abbesse de Fontevrault, et le P. de la Tour, son confesseur. Son temps se partageait entre la prière, l'étude et les exercices d'une sévère pénitence. Sans aucun doute, son cœur alors était plus en paix qu'au sein de la cour et des splendeurs de Versailles.

L'église des Ardilliers, lieu de prières et de mer-

---

(1) Dans la première édition de cette Notice, l'auteur affirme que le *Jagueneau* fut construit par les soins de Mme de Montespan. « Cette femme, dit-il, si hautaine et si fière... *se fit bâtir* une modeste demeure près du couvent des Pères de l'Oratoire. C'est la petite maison située à l'extrémité du jardin de l'hospice et qu'on nomme le *Jagueneau* ». (P. 25).

Cette allégation fut contestée dès l'apparition du livre. D'après un acte déposé dans les Archives de l'Oratoire, Mme de Montespan tenait le Jagueneau à bail des Pères Oratoriens.

Il existait certainement, avant son arrivée à Saumur, une maison du *Jagueneau*, puisque, le 8 avril 1654, le R. P. de Sainte-Marthe, supérieur de l'Oratoire, à Saumur, passa un marché avec Pierre Biardeau, sculpteur, demeurant à Angers, paroisse de la Trinité, pour l'exécution du rétable qui surmonte aujourd'hui le maître-autel de l'église des Ardilliers, marché par lequel il s'engageait à donner deux pipes de vin à Biardeau, et à le loger, lui et ses ouvriers, pendant la durée du travail, au *Jagueneau*. Or, Mme de Montespan ne vint à Saumur qu'après avoir quitté la Cour, en 1680.

Pierre Biardeau ayant logé au *Jagueneau*, Mme de Montespan ayant tenu à bail une maison des Oratoriens, appelée le *Jagueneau*, il n'est pas admissible que Mme de Montespan ait fait bâtir le *Jagueneau*. Tout au plus l'aurait-elle fait *reconstruire* avec l'agrément des Oratoriens.

veilles spirituelles, était donc visitée par les rois, les princes, les grands, les petits et les pêcheurs. Les saints aussi y venaient donner le spectacle édifiant de leurs vertus et spécialement de leur amour pour Marie.

Parmi ces derniers, les mémoires nous citent M. Olier, fondateur du séminaire Saint-Sulpice, à Paris. En 1641, après une tentative infructueuse à Chartres, il vint à Saumur rejoindre ses associés, MM. de Foix et du Ferrier, afin d'obtenir, par l'intercession de la Vierge puissante, les grâces et les lumières dont ils avaient besoin pour accomplir leur utile entreprise. Leurs vœux furent exaucés : le séminaire de Saint-Sulpice fut fondé, et donna naissance à un grand nombre des séminaires qui existent aujourd'hui. C'est aux pieds de Notre-Dame-des-Ardilliers, peut-on dire, que cette œuvre providentielle des séminaires, où le clergé devait se retremper au dix-septième siècle, a été sanctionnée et approuvée par le Seigneur.

Plusieurs fois, dans la suite, l'illustre et saint prêtre fit le même pèlerinage, notamment au sortir d'une longue maladie (1653). « Les faveurs dont il avait toujours été comblé dans ce lieu, par l'entremise de Marie, lui faisaient espérer d'y recevoir encore de nouvelles marques de sa bonté (1). »

Un autre serviteur de Dieu, qui fut aussi la gloire et le soutien de l'Église en France, et surtout dans l'Ouest, où ses vertus, ses prédications, et les œuvres aujourd'hui florissantes qu'il a fondées (2), ont rendu son nom populaire, le vénérable Grignon de Montfort, aimait à venir implorer la protection de Notre-Dame-des-Ardilliers. Ce fut le premier sanctuaire qu'il visita,

---

(1) *Vie de M. Olier*, tome Ier, page 453.

(2) Congrégations des *Filles de la Sagesse* et des *Pères de la Compagnie de Marie*.

quand il revint de Rome pour commencer ses travaux apostoliques.

Tous ces pieux personnages, voulant laisser une preuve de leur dévotion, s'associaient à une confrérie établie là au commencement du dix-septième siècle, confrérie dont les membres se vouaient d'une manière spéciale au service de Dieu, sous la protection et à l'exemple de sa Très-Sainte Mère, et, par un acte signé de leur main, ou par des offrandes, s'engageaient à vivre toujours en fidèles serviteurs de leur divine patronne. Louis XIII, la reine, son épouse, et tous ceux que nous avons nommés plus haut, se trouvaient à la tête des associés.

Le prince de Condé, Henri de Bourbon, père du grand Condé, a écrit lui-même et signé de sa main l'acte de sa consécration. Nous avons l'original de cette pièce que nous transcrivons ici tout entière :

« Sainte vierge Marie, mère de Dieu, qui es particulièrement révérée et servie à la dévote chapelle des Ardilliers, où, par la fréquence des miracles qui s'y font, tu fais tous les jours connoistre ta puissance aux fidèles catholiques, je, Henry de Bourbon, prince de Condé, premier prince du sang de France, aiant depuis peu ressenti tes grâces par la délivrance d'une grande maladie en laquelle m'estant voué à ce saint lieu, Dieu m'a renvoié ma santé, te prends et t'invite à mon aide et protection spéciale ; te supplie doresnavant intercéder pour moy, afin que je sois fortifié d'un esprit principal, qu'il te plaise me conseiller au maintien de la paix, santé du Roy, de mes parents et amis et salut de cet estat ; qu'il te plaise me garder de mort subite, et que je puisse, avant ma mort, faire pénitence de mes péchés et mourir en la sainte foy catholique, avec la réception des saints sacrements et m'obtenir de ton fils le salut de mon âme pécheresse ; en tesmoin de quoy

j'ay signé le présent acte en présence de messire Robert
le Messier, prestre, curé de Chateaurous, et de F. Orgier,
religieux de Saint-François, le 29ᵉ mai 1616.

> « HENRY DE BOURBON,
> « L. LE MESSIER,
> « F. ORGIER. »

Nous pouvons citer encore un « prince de Talmont ;
La douairière de Brézé, Jacqueline de Jevalle, se vouant,
elle et son fils, Urbain de Maillé, maréchal de France
(8 janvier 1615); Mᵐᵉ de Sourches, qui s'engage avec
Honorat le Boucher, seigneur de Sourches, et ses enfants
(10 avril 1624); Lá marquise de Ruffec, Hélène de
Jalouet, pour le marquis de Ruffec son mari et sa
famille (24 juin 1624); Jeanne d'Erbrée, baronne de
Saint-Brice, pour le baron de Saint-Brice, de Sancerre...
et sa famille (24 juin 1624); Jean Bonneau, sieur de la
Maison-Neuve, sénéchal de Saumur, et sa fille
(25 mars 1617); Guillaume Bourneau, écuyer, sieur de
Beauregard, procureur du roi à Saumur, pour lui et sa
famille (1ᵉʳ novembre 1614); Demoyselle Marie le
Gauffre, femme de maître Gilles Elys, sieur de Riou,
advocat au siège présidial d'Angers (7 juin 1623); Anne
Chauveau (27 août 1623). »

Nous avons tous ces vœux écrits ou signés de la
main des personnes elles-mêmes (1).

____

(1) Un livre imprimé par les ordres de l'évêque d'Angers
parle d'une autre confrérie, sous le patronage de saint Joseph,
que le pape Urbain VIII avait approuvée et dotée d'indulgences plénières par une bulle du 4 décembre 1626.

CHAPITRE V

GRACES SPIRITUELLES ET TEMPORELLES OBTENUES
A NOTRE-DAME-DES-ARDILLIERS

Peut-être s'étonnera-t-on du merveilleux et prompt développement qu'avait pris une dévotion dont l'origine était assurément très modeste et même très ordinaire. Si l'on voulait, en effet, remonter à la cause première de plusieurs pèlerinages plus ou moins célèbres, n'y verrait-on pas se produire le même fait, ou du moins un fait analogue ?

Pourquoi le succès n'a-t-il pas toujours été aussi complet et aussi persévérant ? Quel attrait puissant attirait les peuples, les villes, les familles et les particuliers à ce sanctuaire de Saumur ?

C'est que Marie avait choisi ce lieu pour y exercer sa puissance et y multiplier les bienfaits de sa miséricorde.

Par elles-mêmes, certainement, les circonstances de pays, de mode, de temps, ne constituent pas l'efficacité de la prière, et cependant l'expérience nous apprend que Dieu, soit pour exciter la ferveur en frappant les sens, soit pour doubler le mérite en doublant la peine, soit pour donner un nouveau relief au culte public et à l'efficacité de l'exemple, attache quelquefois ses grâces, ici à la visite d'une église, là à la dévotion envers un objet spécialement bénit, comme une image, une statue, etc... Qui pourrait lui faire un reproche de ces préférences et de ces conditions journellement imitées par les hommes ?

Les grâces obtenues publiquement et en grand nombre, voilà l'explication de l'empressement et du concours dont nous parlons.

Telle était aux Ardilliers, de la part de Marie, la dispensation des bénédictions célestes, qu'il serait téméraire de vouloir en déterminer le nombre.

Il y a deux sortes de grâces, les unes de l'ordre spirituel, et les autres de l'ordre purement temporel. Bien que les premières soient très-souvent moins remarquées, parce qu'elles sont moins sensibles, elles ne laissent pas de s'imposer à l'attention et à l'admiration des âmes sérieuses ; telles sont, par exemple, les conversions.

Or, il s'en est opéré un grand nombre par l'intercession de Notre-Dame-des-Ardilliers, et surtout des conversions d'hérétiques.

Parmi les principales, l'auteur qui nous sert de guide cite les suivantes :

« Demoiselle Magdeleine Gabouric, de Mouchant, en Poitou, abjura le calvinisme aux Ardilliers le jour de la Nativité de la sainte Vierge, 8 septembre 1626.

» Marie Gaco, veuve de Nicolas Saumir, laboureur en la paroisse de Saint-Christophe, près Saint-Maixent, abjura le 12 décembre 1626.

» Charlotte Noël, de Loudun, le jour de la Saint-Jean-Baptiste, 24 juin 1627.

» M. Charles de l'Enfernal, écuyer, sieur de la Jacqueminerie, abjura entre les mains du R. P. Jacques Gassot, supérieur de la maison des Ardilliers, en présence du R. P. Suffren, de la compagnie de Jésus, confesseur et prédicateur du roi, de M. de Metz, docteur en théologie, curé de Saint-Germain-l'Auxerrois, conseiller et aumônier du roi, et d'autres personnes de qualité, le 15 février 1628.

» Demoiselle Françoise Jousseaume, veuve de maître Pierre Bellou Privé, écuyer, sieur de Beaumont, native de Thouars, entre les mains du même supérieur et devant témoins qui ont signé en l'acte du 6 mai 1628.

» M. Josias de Querleau, chevalier, baron de l'Isle, du diocèse de Treguier, abjura devant le P. Gassot et plusieurs témoins, le 26 juillet de la même année.

» Jean Signorin, de la paroisse de Meningonde, près Lusignan, diocèse de Poitiers, le 9 septembre 1628.

» Gédéon Govineau, natif de Chinon, le 28 octobre 1629.

» Catherine Mathars, de Chavaigné, diocèse de Poitiers, le 20 mars 1630.

» Françoise Jossier, le 23 mars même année.

» Noble Didier Derbier, le 16 juin.

» Demoiselle Antoinette Pinault, fille de noble homme Pierre Pinault, écuyer, sieur des Ouches, et de dame Perrine Goustaut, native de Moustier-sur-le-Lay, diocèse de Luçon, abjura le 26 juillet.

» Elisabeth Bruneau, femme de Noël Reau, marchand, demeurant au faubourg des Bilanges de Saumur, fit son abjuration avec Elisabeth Lefebvre, sa fille d'un premier mariage, le 30 décembre 1630.

» Hector Hanot, de Varenne-en-Argonne, le 28 avril 1631.

» Martial Bouchery, de Sainte-Foi-sur-Dordogne, le 8 juin 1632.

» Elisabeth Binard, 5 septembre.

» Louis Michau de Moulins, le 25 décembre 1632.

» Maître Jean Remard, ancien notaire à Saint-Jean-d'Angely, abjura le 7 mai 1634. »

Ces merveilles intérieures et toutes spirituelles ne sont pas les seules à noter, car il faut parler de miracles proprement dits, de faits extérieurs et sensibles, dérogeant, par l'intervention de la puissance divine, aux lois naturelles qui régissent le monde. Nous en raconterons plusieurs qui sont attestés par des témoins oculaires et revêtus de l'approbation officielle et canonique des évêques. D'autres faits, rapportés simplement, signés des témoins et des personnes mêmes que le ciel a favorisées, nous ont paru assez solidement établis, pour n'être pas rejetés comme s'ils étaient dénués de fondement.

GUÉRISON DE PIERRE CARDIN

Pierre Cardin était né à Auzay, et il habitait au bourg de Doix une maison appartenant à M. Jean Le Rayé, procureur au siège royal de Fontenay. Il était muet sans être sourd, et, jusqu'à l'âge de 35 ans, il ne proféra jamais une seule parole. Ce n'est pas qu'on eût négligé cette infirmité ; ses parents n'épargnèrent ni soins, ni remèdes, mais tout fut inutile, et le temps même, en développant ses forces, ne put délier cette langue que Dieu avait liée pour sa gloire. Après avoir épuisé tous les moyens naturels, on eut recours aux remèdes divins. On voua l'enfant à Dieu sous la protection de la Sainte Vierge, et, suivant ces pieuses intentions, Pierre Cardin vint plusieurs fois implorer la miséricorde divine à la chapelle des Ardilliers. Mais Dieu qui est le maître des siècles et des moments n'avait point encore fait sonner l'heure de sa miséricorde, et Cardin s'en revint chez lui quatre fois sans avoir, pour sa guérison, une lueur d'espérance. Néanmoins, cet homme d'une foi ardente, entreprit un cinquième voyage en l'année 1642. Il ne fut pas plus tôt arrivé à Saumur qu'il se mit en prières avec une grande ferveur. Il se contentait de pain et d'eau à ses repas, et ses compagnons de voyage ne purent jamais le déterminer à prendre les viandes qu'ils lui présentaient. Il passait des nuits entières couché sur le plancher de sa chambre, sans vouloir qu'on y étendît même un peu de paille. Ses journées, il les employait à prier dans la chapelle, prosterné devant l'image de la Sainte Vierge, pour fléchir cette bonne mère et attirer sur lui ses faveurs. Il finit sa neuvaine le jour de la Pentecôte, toujours humble et soumis à Dieu, qui ne voulut pas encore le guérir. Il partit plein de foi dans la Providence divine et dans la puissance de Marie. Arrivé chez lui, la veille de la saint Barnabé, il tomba en défaillance vers le milieu de la nuit et, quand il reprit ses sens, ce fut pour se jeter au cou de son père en poussant un cri et en prononçant très-distinctement le nom sacré de Jésus. Depuis ce moment, il a continué à parler, et nous avons ses réponses verbales aux interrogations qui lui furent adressées de la part de Mgr l'Evêque de Maillezais. Le bruit de cette guérison extraordinaire se répandit dans le pays, et l'évêque l'ayant appris nomma une commission pour en informer. Hilaire de la Pommeraye, docteur en théologie de la faculté de Paris, et Pierre de la Pommeraye, vicaire-général et official, accompagnés du promoteur Julien Godet, de noble homme Jean Marchand, docteur en médecine, et de maître Louis Guérin, nommé greffier d'office, se transportèrent à la commune de Doix le 20 juin, dix jours après l'événement. Là, ils commencèrent l'interrogatoire dont nous avons la rédaction sous les yeux. Pierre Cardin comparut le premier, et entr'autres demandes on lui adressa les suivantes :

« Enquis s'il sait quelques prières de l'Eglise, — a dit savoir le *Pater*, l'*Ave Maria*, le *Credo* et le *Benedicite*, lesquelles prières il a dit au long en notre présence et des sus-nommés.

« Interrogé comment il a pu apprendre lesdites prières, vu qu'il était muet, — a dit avoir appris lesdites prières, tant en oyant le prône à la messe, qu'en entendant André Cardin, son oncle, enseigner au soir et au matin les petits enfants.

« Interrogé si, depuis peu de temps, il n'a point eu

recours à quelque médecin ou chirurgien pour avoir l'usage de la parole, — a répondu que non.

« L'enquête dura plusieurs jours. On entendit plusieurs témoins, entr'autres les personnes qui avaient accompagné Cardin à Saumur, le curé de la paroisse qui jusque là l'avait confessé au moyen de signes, et un protestant nommé Billaud, sieur de Pigasse, lequel a dit bien connaître ledit Pierre Cardin dès l'âge de quatre à cinq ans, pour être lors demeurant au bourg d'Auzay, où ledit témoin faisait aussi sa demeure, t l'a toujours vu et connu, sans qu'il l'ait jamais vu parler, fors ce jourd'hui qu'il s'est trouvé aux réponses que ledit Cardin a fait à nos interrogatoires, sur lesquels il lui a ouï proférer plusieurs paroles bien intelligibles... et a signé après avoir pris lecture et déclaré n'être parent ni allié dudit Cardin.

« Signé BILLAUD.

« On entend en suite un chirurgien de Fontenay, nommé Chaigneau, qui a vu et visité la langue de Cardin plusieurs années auparavant, sans avoir rien découvert de lésé dans les organes de la prononciation. Enfin, le docteur Marchand consigne, dans un long procès-verbal, les raisons qui le portent à croire au miracle. « La dernière raison, dit-il, est tirée du procédé de la guérison de Cardin, lequel est si extraordinaire et prodigieux que, sans aucun secours naturel, nous voyons ledit Pierre Cardin parfaitement remis d'une maladie jugée incurable par quelques chirurgiens qui, par occasion, l'avaient vu et visité, qu'il faut que j'avoue cette cure être un ouvrage qui part immédiatement de l'auteur de la nature. En foi de quoi j'ai signé ces présentes... »

« Après cette enquête, l'évêque tint plusieurs fois conseil, comme il le dit lui-même, et donna la déclaration suivante :

« Henri, par la grâce de Dieu et du saint-siège apostolique, évêque et seigneur de Maillezais, à tous ceux qui ces présentes verront, salut en notre Seigneur. Vu les informations faites par notre vicaire-général, en conséquence de notre ordonnance du présent mois de juin 1642, contenant que Pierre Cardin, natif de la paroisse d'Auzay et à présent demeurant en la maison de la Martinière, paroisse de Doix, de ce diocèse, âgé de 35 ans, muet de naissance, aurait depuis peu, au retour d'un dernier pèlerinage fait à Notre-Dame-des-Ardilliers de Saumur, obtenu de Dieu, par l'intercession de la Sainte Vierge, l'usage libre de la parole ; procès-verbal de la visite de Pierre Cardin faite, de notre autorité, par M. Jean Marchand, docteur en médecine, en date du même jour 20 dudit mois de juin, rapport de Jacques Chaigneau, maître chirurgien de cette ville, le 25 dudit mois, les délibérations et avis des supérieurs des maisons religieuses de cette ville de Fontenay, et d'autres personnes doctes et considérables qui se seraient rencontrées en cette ville et assemblées pour ce sujet en notre palais épiscopal, d'eux signé, en date du 24 dudit mois de juin ; autres enquêtes faites par notre dit vicaire général en date du 27 dudit mois de juin ; le tout vû mûrement et diligemment examiné, nous avons déclaré que ce fait en sa substance et en ses circonstances, arrivé en la personne dudit Pierre Cardin, muet de naissance, ayant à présent l'usage libre de la parole, surpassait les forces de la nature et était un vrai miracle ; en foi de quoi nous avons signé ces présentes de notre main et scellé du grand sceau de nos armes et fait signer à notre secrétaire.

« Fait en notre palais épiscopal, à Fontenay-le-Comte, l'an de l'incarnation de N.-S. 1642.

« Signé Henri, évêque de Maillezais. »

GUÉRISON DE MARIE LEBRUN

« Le fait que nous allons raconter a été reconnu pour un miracle par Henri Arnauld, évêque d'Angers, frère du docteur Antoine Arnauld.

« Marie Lebrun, fille de Pierre Lebrun et de Mathurine Arnault, née à Châtellerault, demeurant depuis quelques années à Poitiers, paroisse Saint-Germain. Cette fille, d'une conduite reconnue irréprochable, fit, à l'âge de 22 ans, une dangereuse maladie qui lui laissa tout le côté droit du corps paralysé. Elle ne pouvait marcher qu'appuyée d'un côté sur une béquille, et de l'autre sur une personne chargée de la soutenir. Réduite en ce triste état, si jeune encore, abandonnée des médecins, elle fit vœu d'aller à Notre-Dame-des-Ardilliers pour obtenir de Dieu sa guérison par l'intercession de la Très-Sainte Vierge.

« Pour accomplir cette promesse, elle se fit conduire à Saumur ; une partie du chemin se fit à cheval, l'autre en bateau, et la malade arriva dans notre ville le 21 juin 1676, veille de la fête du Très-Saint-Sacrement. Dès le lendemain matin, on la transporta dans la chapelle, où elle fit ses prières avec une telle ferveur qu'elle édifia tous les assistants. On la regardait avec admiration et l'on ne pouvait s'empêcher de se dire à soi-même, comme saint Augustin : « Seigneur, quelles prières exaucerez-vous, si vous n'exaucez pas celles-ci ? » Cette humble fille, pour se rendre plus digne d'être écoutée de Dieu et favorisée de l'intercession puissante de la Sainte-Vierge, s'était confessée et avait communié avec une piété singulière à la fin de la première messe qu'elle entendit. Elle assista à une seconde pour faire son action de grâces, et elle conjura le Seigneur de la guérir de ses infirmités corporelles, aussi bien que de celles de son âme, en considération de sa Très-Sainte Mère. Tout-à-coup, au moment de l'évangile, elle se trouva si forte qu'elle se leva seule, laissant à terre sa béquille et s'écriant avec un transport de joie : *Je suis guérie ! je suis guérie ! je marcherai bien*. Je laisse à penser aux lecteurs quelles louanges, quels remerciements adressèrent à Dieu et à la Sainte Vierge cette fille miraculeusement guérie et toutes les personnes présentes à cette scène inattendue. Il s'éleva un pieux tumulte et tous criaient à l'envi, dans l'excès de la joie : *Miracle ! miracle !*

« A ce bruit, plusieurs des Pères oratoriens sortirent de leurs confessionnaux ; ils conduisirent Marie Lebrun dans une salle où une foule de personnes la suivirent. Elle s'y transporta sans béquille, sans aucun aide et marcha sans peine dans cette chambre en présence de tous les assistants. On fit venir les bateliers qui l'avaient amenée, ainsi que dix-huit ou vingt personnes qui étaient arrivées dans le même bâteau qu'elle, pour savoir si Marie Lebrun était vraiment paralytique et boiteuse. Ils répondirent unanimement qu'elle l'était au point d'exciter la pitié et l'intérêt de tous ses compagnons de voyage et que sa subite guérison était sans aucun doute un miracle évident. On alla chercher un notaire qui dressa un acte authentique de toutes ces dépositions. La fille fut reconduite dans l'église où elle fit son action de grâces au milieu de tout le peuple, qui bénissait le Seigneur d'avoir opéré, sous ses yeux, une si grande merveille.

« Comme on ne saurait s'entourer de trop de précautions quand il s'agit de publier un miracle, on écrivit quelque temps après au sujet de cette fille au curé de Saint-Germain de Poitiers. Il répondit qu'elle habitait sa paroisse depuis plusieurs années ; qu'elle était certainement paralytique au moment de son départ pour Saumur et qu'elle jouissait maintenant d'une parfaite santé. Muni de cette lettre, le supérieur de l'Oratoire informa de tout ce qui s'était passé M⁓ l'évêque d'Angers. L'évêque jugea à propos d'adresser une commission rogatoire au curé de Saint-Germain à Poitiers pour faire une information authentique et juridique de l'état de Marie Lebrun avant et après son voyage à Saumur. Le curé s'empressa de satisfaire à cette demande, et, dans un acte que nous avons encore, le curé, son vicaire, trois marchands de la paroisse, le chirurgien qui avait soigné la malade, et le maître d'école de ladite paroisse attestent que tout ce qu'on a raconté ci-dessus était la vérité même.

« Sur le vu de cette pièce, Mgr Arnauld approuva le miracle en ces termes : « Vu la déclaration, notre commission rogatoire et l'information ci-dessus, nous avons reconnu que la guérison subite de ladite Marie Lebrun est un effet de la toute puissance de Dieu par l'intercession de la Sainte Vierge, et nous l'avons approuvée comme un miracle que nous ordonnons d'être publié dans notre diocèse, afin que Dieu en soit glorifié par les fidèles. Donné à Angers, le 24 août 1676.

« Signé HENRY, évêque d'Angers. »

VŒU DE LA PAROISSE DE SAINT-SULPICE DE SAUZELÉ

« Au mois de mars 1679, une maladie contagieuse frappa les habitants de cette petite paroisse, de telle sorte qu'en cinq ou six semaines, trente-quatre ou trente-cinq chefs de famille et quatre ou cinq petits enfants furent conduits au tombeau. C'était en vain qu'on avait appelé tous les médecins de la localité et ceux des villes voisines ; aucun d'eux ne connut cette maladie, et tous ceux qui en étaient atteints mouraient inévitablement. Tout le village était consterné ; il n'y avait pas une maison, pas une famille qui n'eût à regretter la perte d'un parent ou d'un ami. Cependant le mal poursuivait ses ravages, sans qu'aucun obstacle parvînt à l'arrêter. Un dimanche, le curé monte en chaire et propose de faire un vœu solennel à Notre-Dame-des-Ardilliers de Saumur. « Nous déclarâmes à nos paroissiens qu'afin de nous faire connaître s'ils étaient dans cette pieuse disposition, ils se trouvassent le jeudi suivant, jour de la fête de l'Ascension, dans l'église, et qu'au moins un de chaque famille se confessât et se communiât, afin qu'ensuite nous pussions faire le vœu au nom de tous et publiquement... Et ce vœu public de recourir à la Sainte Vierge et de nous transporter à Saumur, n'eut pas plus tôt été fait, que trois malades agonisants de notre paroisse, désespérés des médecins, à qui nous avions donné l'extrême-onction le matin de ce saint jour, se trouvèrent beaucoup mieux et hors de danger. Et attestons que depuis ledit jour que nous fîmes le vœu, aucun des habitants n'est mort ni tombé malade (1). »

« Le curé, accompagné de soixante-trois habitants de sa paroisse, vint processionnellement à Notre-Dame-des-Ardilliers, et, pour monument de sa reconnaissance, il voulut laisser une déclaration écrite de ce fait entre les mains du supérieur de l'Oratoire. Comme aucun de ses paroissiens ne savait signer, il fit venir un notaire qui rédigea l'acte en leur présence et signa au nom et du consentement de tous.

« Au bas de cette pièce est l'approbation de Mgr Henry Arnauld évêque d'Angers, qui permet de publier ce fait comme vraiment miraculeux. L'évêque donna cette permission à Saumur, le vingtième jour de juin 1679. »

CATHERINE OU LA PETITE LIMOUSINE

« Cette jeune fille n'avait que quinze ans ; elle était pauvre, et, accompagnant une de ses tantes, elle sortit de son pays pour aller de ville en ville mendier son pain de chaque jour. Sa tante espérait sans doute que l'état

---

(1) Extrait de la déclaration du curé, que nous avons entre les mains, au bas de laquelle se trouvent l'approbation, la signature et les armes de Mgr l'évêque d'Angers.

de la jeune fille ne manquerait pas d'exciter la pitié
publique : Catherine était jeune et sourde-muette de
naissance. L'organe de la langue ne s'était point déve-
loppé chez elle, et on ne lui voyait dans la bouche
qu'une petite membrane fixée à la mâchoire inférieure.
Ce triste état ne l'empêchait pas seulement de parler,
mais elle éprouvait encore les plus grandes difficultés
pour prendre de la nourriture. Elle ne pouvait manger
que du pain déjà détrempé ou des mets presque liquides,
et, quand elle devait boire, il lui fallait lever la tête à
la manière des petits oiseaux. Tout le monde sait en
effet combien la langue est indispensable dans l'opé-
ration de la nutrition. L'infirmité de cette fille, étant
très facile à reconnaître et à vérifier, était notoire à
toute la ville de Bressuire où la petite Limousine (c'est
ainsi qu'on l'appelait, du nom de son pays) habitait
depuis deux ans. Or, en l'année 1697, sa tante la mena
en pèlerinage à Saumur. Après avoir prié quelque temps
dans l'église de Notre-Dame-des-Ardilliers, elle éprouva
subitement dans la gorge une cuisante douleur qui lui
arracha beaucoup de larmes et l'empêcha de manger
pendant près de deux jours. Cependant sa tante la recon-
duisit à Bressuire. Chemin faisant, et le Puy-Notre-Dame
se trouvant sur leur route, ces deux femmes entrèrent
à l'église pour vénérer la célèbre relique qui s'y trouve
conservée. Elles arrivèrent au moment de l'office, et le
chant des prêtres fut le premier bruit qui frappa l'oreille
de Catherine. La pauvre fille en fut si fort épouvantée
qu'elle s'enfuit auprès d'une personne de connaissance,
et commença à articuler quelques sons.

« Bressuire faisait alors partie du diocèse de la
Rochelle ; l'évêque, M⁞ de la Frezellère, apprit, dans le
cours de sa visite, ce miracle dont toute la ville parlait
avec étonnement. Ce prélat vint lui-même en pèlerinage
à Notre-Dame-des-Ardilliers, le 6 octobre 1697. A la
prière du supérieur de l'Oratoire, il nomma une commission pour informer et recevoir sur ce fait les dépo-

sitions des témoins. Obligés de choisir parmi le nombre immense de personnes qui pouvaient attester cet événement, les commissaires en entendirent trente-quatre, au nombre desquelles sont trois chirurgiens. Tous ces témoins déposent, sous la foi du serment, des faits que nous venons de relater : la surdité, le défaut de langue, la difficulté pour manger, les épreuves faites par plusieurs d'entr'eux pour s'assurer que l'état de Catherine n'était ni un jeu ni une supercherie, tout cela est déposé et signé des témoins. On avait fait de grands bruits subitement derrière elle, on l'avait enivrée dans l'espoir de l'entendre parler, tout avait été inutile. Et voilà que, tout d'un coup, ces mêmes personnes conversent avec cette fille, l'entendent articuler des sons, visitent sa bouche et y voient une langue parfaitement bien développée, au retour de son voyage à Notre-Dame-des-Ardilliers. Aussi, M⁓ de la Frezellère n'hésita-t-il pas à faire publier ce fait comme évidemment miraculeux. »

« Veu l'information cy-dessus, faicte en conséquence de nostre ordonnance en date du cinquiesme octobre dernier, mise au bas de la requeste qui nous a esté présentée par le R. P. Passavant, supérieur de la maison des Pères de l'Oratoire de Nostre-Dame-des-Ardilliers de Saumur, par laquelle il nous demandait la permission d'informer d'un miracle qu'on disait estre arrivé dans l'église Notre-Dame-des-Ardilliers, sur une petite fille... qui revint à Bressuire, parlant et entendant ; ce que nous avons veu de nos propres yeux, et pour qu'on rende gloire à Dieu dont le bras tout puissant n'est point raccourci, et pour authoriser la dévotion à la Très-Sainte-Vierge, mère de Dieu, et pour y porter les fidèles confiés à nostre sollicitude pastorale par l'authorité que Jésus-Christ nous a confiée, nous avons déclaré et déclarons le miracle faict par l'intercession de la Sainte Vierge en faveur de ladicte petite fille, et permettons de le publier et de l'escrire partout où besoin sera, à l'honneur de

Dieu qui seul est l'auteur dudit miracle et l'exaltation de la Très-Sainte-Vierge, mère de Dieu.

« Fait à la Rochelle, en nostre palais épiscopal, le seizicsme décembre mil six cent quatre-vingt-dix-sept.

« DE LA FREZELIÈRE, év. de la Rochelle. »

JEUNE FILLE PARALYTIQUE GUÉRIE

« Mêmes soins, mêmes formalités, mêmes précautions pour constater l'exactitude du fait suivant. Par ordonnance de Mgr de Baglion de Saillant, évêque de Poitiers, le sieur François de Nesde, licencié ès-lois, archidiacre de Thouars, assisté de plusieurs autres personnes, reçut les dépositions de témoins. Jeanne Trichet, disent les témoins, fille de Julien Trichet, procureur au présidial de Poitiers, âgée de 17 ans, était paralytique. Cette maladie avait attaqué particulièrement ses bras et ses jambes, de manière qu'elle ne pouvait marcher, ni porter elle-même ses aliments à sa bouche. Cet état durait depuis près de quatre ans. Ses parents la transportèrent à Saumur et commencèrent une neuvaine à Notre-Dame-des-Ardilliers. A la seconde messe qu'elle entendit, Jeanne se sentit prise d'une si violente douleur qu'elle s'évanouit. Cependant elle sentait un travail intérieur dans ses membres, qui semblaient comme se développer et s'allonger ; reportée à la maison, elle eut soif et déclara qu'elle boirait sans l'aide de personne ; on lui présenta le verre qu'elle porta à ses lèvres avec la plus grande facilité. Sa mère et les personnes présentes, dans l'extase du bonheur, se jetèrent à genoux pour rendre grâce à Dieu d'une guérison si prompte et si inespérée. On acheva la neuvaine, pendant laquelle la maladie finit par disparaître complètement. La jeune fille reparut à Poitiers, où les témoins qui l'avaient connue infirme la virent, à son retour de Saumur, marcher, agir et travailler. »

M⁅ᵉʳ⁆ l'Evêque a permis la publication de ce fait en ces termes :

« François-Ignace de Baglion de Saillant, par la miséricorde de Dieu et la grâce du Saint-Siège apostolique, évêque de Poitiers, veu l'information cy-dessus, faicte en conséquence de nostre commission, nous avons reconnu que la guérison de la demoiselle Jeanne Trichet est un effet de la toute-puissance de Dieu par l'intercession de la Sainte Vierge, et l'avons approuvée comme un miracle. — Donné à Poitiers, en nostre palais épiscopal, le 30 d'août 1697.

« F.-I.-B., év. de Poitiers. »

ÉLISABETH-HORTENSE DU JON

« Elisabeth du Jon était fille de messire François du Jon, chevalier, seigneur de Chassigny, et de dame Marie-Anne de Pomeuse. Elle avait perdu son père, et sa mère qui était née protestante s'était convertie à la religion catholique depuis plus de vingt-cinq ans, lorsque arriva le fait que nous allons raconter. Elisabeth, à l'âge de quatorze ans, fit une chute qui eut des suites terribles. Elle resta paralysée des deux jambes, et elle éprouvait souvent des convulsions et un tremblement général de tout le corps. Longtemps les médecins la traitèrent sans obtenir aucun résultat. La pauvre malade eut alors recours aux remèdes divins. Elle eut l'idée de se vouer à Notre-Dame-des-Ardilliers, et de s'engager à faire un pèlerinage à Saumur. Pour s'y préparer, elle se confessa, et le curé de la paroisse (Saint-Pierre-du-Marché, à Loudun) lui apporta le corps de N.-S. Deux heures après cette communion, elle se sentit guérie, et, en présence du curé, de sa mère et d'une femme de chambre elle se leva et marcha seule et sans appui.

« Les deux médecins, Jean Boursault de la Tour et Jacques du Vidal sont au nombre des témoins interrogés dans l'enquête et attestent quelle a été l'impuissance de leur art sur cette maladie. »

Mgr de Poitiers a approuvé la publication de ce fait en ces termes :

« Nous, évêque de Poitiers, vû l'information et enquête faites par notre archiprêtre et doyen de Thouars, de la guérison de ladite demoiselle Elisabeth-Hortense du Jon de Chassigny, obtenue par l'intercession de la Très-Sainte Vierge, avons donné acte de tout le contenu dans ladite enquête pour servir ce que de raison, et permettons de publier ladite guérison miraculeusement obtenue, afin d'exciter les fidèles à reconnaître le pouvoir de la Très-Sainte Vierge, auprès de Dieu, et de renouveler la dévotion des catholiques pour le saint lieu de Notre-Dame-des-Ardilliers de Saumur, où elle est honorée par le concours des peuples, et par la piété des RR. PP. de l'Oratoire qui desservent cette église. Donné à Thouars, dans le cours de nos visites, ce cinquième octobre 1712.

« JEAN-CLAUDE, évêque de Poitiers. »

ANNE AVRIL, DAME DE LA ROUSSELIÈRE

« Epouse de Thomas de la Rousselière, ancien conseiller au présidial d'Angers, Anne Avril était depuis longtemps affligée d'une grande infirmité. Les tendons des muscles qui font mouvoir la jambe s'étaient raccourcis au point qu'elle ne pouvait ni étendre sa jambe, ni s'appuyer dessus. Tous les remèdes avaient été inutiles, quelques-uns même avaient augmenté le mal ; Mme de la Rousselière était allée prendre les eaux de Bourbon, mais elle en était revenue dans le même état qu'auparavant. Cette pieuse dame vint alors à Saumur, en pèlerinage à Notre-Dame-des-Ardilliers. Là, elle fit une neuvaine, et au dixième jour, elle se trouva subitement délivrée de son mal. L'Evêque d'Angers, informé de cette guérison si étonnante, nomma M. Claude Heart de Boissimont, chanoine de l'église cathédrale, pour entendre les témoins et dresser procès-verbal. Le miracle fut reconnu et approuvé. « Tout considéré, et le saint nom de Dieu invoqué, nous permettons la publication du miracle opéré en la personne de ladite dame de la Roussellère, comme d'un véritable miracle et d'un effet de la toute-puissance de Dieu par l'intercession de la Sainte Vierge. — Donné à Angers, dans notre palais épiscopal, le neuvième jour de janvier 1715.

« MICHEL, évêque d'Angers. »

« Je le répète, tous les faits miraculeux jusqu'ici rapportés sont approuvés par l'autorité ecclésiastique : nous avons entre les mains les actes originaux, revêtus de l'approbation, de la signature et du cachet de chacun des évêques ; il est impossible de les révoquer en doute : c'étaient des faits publics, bien faciles à vérifier, et vérifiés, en effet, par des gens instruits, des médecins, des personnes capables, ce qui exclut toute erreur. Voudrait-on supposer de la fourberie ? En vérité, il faut avoir un surcroît de niaiserie un peu trop fort pour faire une pareille supposition. L'Eglise Catholique n'a pas besoin de ces petites preuves en sa faveur : elle a autre chose à faire qu'à s'amuser à jouer un pareil rôle, et ceux qui lui supposeraient une pareille petitesse et de telles allures ne la connaissent pas. Qu'ils l'étudient au moins avant de la calomnier. »

« A côté de ces faits authentiquement approuvés, il en est d'autres dont nous n'avons pour garants qu'une seule voix. Mais cette voix est bien douce et bien éclatante : c'est la voix de la reconnaissance, c'est le cri de joie, c'est l'élan d'amour vers le bienfaiteur. Plusieurs personnes qui reconnaissaient avoir reçu quelque grâce spéciale de l'intercession de la Sainte Vierge avaient fait à la chapelle un présent pour en perpétuer le souvenir.

Si l'on ne veut pas croire au miracle, on croira du moins au témoignage pieux qui attribuait à Dieu telle ou telle guérison, telle ou telle grâce, tel ou tel événement heureux. La Révolution a fait disparaître ces objets : ils étaient pourtant placés dans le temple *à perpétuelle demeure :* c'est un devoir pour nous, c'est faire une chose agréable à ces personnes pieuses qui les avaient offerts, c'est honorer la Sainte Vierge que d'en rappeler ici le souvenir. »

« L'an 1595, un habitant de Florence, atteint d'une maladie grave, implora le secours de la Sainte Vierge dans la chapelle des Ardilliers ; il guérit, et, par reconnaissance, il envoya un tableau où il s'était fait représenter à genoux devant la statue miraculeuse. Une inscription en italien expliquait le motif de cet *ex-voto*.

« Raphaël Salveti, affligé d'une très grave infirmité, se « recommanda à la Très-Sainte Vierge aux Ardilliers, « et fut délivré de son mal, l'an 1595. »

« Un autre tableau représentait la guérison de Christophe de Sanzay, chevalier des ordres du roi, seigneur de Saint-Macairé et de Vauchrétien en Anjou. Ce pieux gentilhomme tomba malade chez son neveu, le comte de Sanzay, au château de la Neufville-le-Roi, en Picardie. Il se recommanda à la Sainte Vierge des Ardilliers, et, quatre jours après son vœu, il fut en état de monter à cheval pour revenir en Anjou. Ceci se passait en 1602. »

Sacræ Virgini soteria

Claudium Nicole, Cænomanum, in morbi gravis periculo sacræ Virgini pia mater devovit rapta fato præcipiti, votum flenti conjugi mandavit, qui votivam tabellam huic sacro parieti beneficii in filium memor appendi curavit, 29 julii 1621.

« Claude Nicole, du Mans, atteint d'une grave maladie, fut recommandé à la Sainte Vierge par sa pieuse mère, enlevée depuis par une mort précipitée. Elle confia, à ses derniers instants, l'exécution de ce vœu à son époux en pleurs, qui, plein de reconnaissance pour la guérison de son fils, a fait suspendre ce tableau dans cette sainte chapelle, le 29 juillet 1621.

« Cette inscription brillait en lettres d'or dans le tableau, où l'on voyait le jeune Claude rendu à ses parents par la Sainte Vierge.

« L'an 1622, un officier du roi fut voué à la Sainte Vierge par ses parents, à l'occasion d'une grave maladie qui l'avait rendu infirme et avait, de plus, altéré ses facultés intellectuelles. Il guérit, et, en reconnaissance de ce bienfait, il envoya un tableau, ouvrage d'un excellent peintre, sur lequel était écrit en lettres d'or ce distique :

Corpus, et offensam sanasti corpore mentem.
Corpus ne offendat mens modo, Virgo, fave.

« M. de Montmort, Conseiller au Parlement de Paris, fut atteint d'une grave maladie au siège de la Rochelle, en 1628, où il avait accompagné le roi. Il se voua à la Sainte Vierge et fut miraculeusement guéri. Pour perpétuer le souvenir de cette grâce, il donna et fit placer près de la grille de la chapelle de la Sainte Vierge un tableau dans lequel il était représenté à genoux, remerciant son auguste bienfaitrice de la santé qu'elle lui avait rendue.

« Le tableau portait cette inscription :

Henricus Ludovicus de Montmort, senator parisiensis, pro salute vovebat, anno 1628.
Cum moriturus eram, per te mihi vita resurgit :
Cum vivo, pro te da mihi posse mori.

« Le 10 juin 1634, on apporta de Blois un tableau où l'on voyait une demoiselle à genoux devant une image de la Sainte Vierge, et au bas on lisait : « Une demoi-

« selle, ayant une grande affliction, eut recours à la
« Sainte Vierge, et obtint ce qu'elle désirait par son
« intercession. »

« Le 13 juin de la même année, une maison faite en
cire fut apportée du Mans par maître François Hoyau,
cirier de cette ville. Le feu avait pris à sa maison et
menaçait de la brûler en entier ainsi que les maisons
voisines. Cet homme de foi eut recours à la Sainte
Vierge et l'incendie s'arrêta tout-à-coup. L'inscription
suivante accompagnait l'*ex-voto* :

D. O. M. Virginique Deiparæ Salmurianæ.

*Pro servatis ubique suis et vicinorum ædibus, seda-
tisque præter omnium mortalium expectationem ingruen-
tibus jamjamque fastigia devorantibus flammis, actutùm
invocato sacratissimæ Virginis patrocinio, hancce domùm
ceream F. Hoyau, cenomanensis cerarius, vovit
7 octob. 1633, et supplex appendit 13 junii 1634.*

« Marie se plaisait donc à répandre de grands bienfaits sur ses dévots serviteurs. Faut-il s'étonner, après
cela, que son pèlerinage ait été en honneur auprès de
tous ? »

Nous ne connaissons qu'un seul fait d'irrévérence
envers Notre-Dame-des-Ardilliers, et encore ce fait
a-t-il tourné à la gloire du sanctuaire, par la punition
qui l'a châtié.

« L'an de grâce 1631, la veille de Noël, André Brigaud et Samuel Havet, tous deux écoliers, étudiants à
Saumur, passèrent toute la soirée en débauche dans un
cabaret. Ne sachant plus que faire, ils entrèrent dans
la chapelle de Notre-Dame-des-Ardilliers pour entendre
la musique des matines et de la messe de minuit. Ils s'y
comportèrent décemment jusqu'à la fin de la sainte
messe. Là, voyant une infinité de peuple s'approcher de
la sainte table pour communier, ils attentèrent de faire
de même, à leur malheur : car, comme ils ne s'étaient

pas étudiés à reconnaître la révérence qu'un chacun de
la troupe apportait à cette sainte cérémonie, ils se pré-
sentèrent avec des gants aux mains. Ce dont le prêtre
ne s'étant aperçu qu'après les avoir communiés, il les
reprit de leur irrévérence ; cela les fit remarquer de
quelques-uns que cet avertissement fit détourner pour les
mieux remarquer au visage. La foule était assez grande
pour se dérober aux yeux de si peu de personnes, qui
n'eussent pas voulu user de violence dans l'église et
devant le Saint-Sacrement pour les retenir : mais la
peur les saisit tellement devant la grille qu'ils ne purent
passer outre. Cependant le peuple s'était mis en haie à
la porte de la chapelle pour les prendre au passage, de
sorte que, crainte qu'il ne leur fût même fait contre
raison, on les mit en sûreté dans une sacristie jusqu'au
lendemain que la justice en voulant connaître, les envoya
prendre (1). »

On ne nous a pas dit quelle fut la condamnation de
ces deux jeunes gens, mais il paraît qu'on n'usa pas
d'une grande sévérité, puisque le procureur général
appela de la sentence *à minima* auprès du Parlement de
Paris. Ils avaient été jugés à Saumur dès le 5 janvier 1632, et la cour de Paris rendit son arrêt le
17 février suivant.

« .....Tout considéré..... la cour..... a condamné
et condamne lesdits Havet et Brigaud, dire et déclarer
à jour d'audience, icelle tenant en la juridiction ordinaire de la sénéchaussée de Saumur, y étant la tête nue
et à genoux, que témérairement et scandaleusement, et
contrevenant aux édits de pacification, ils sont allés,
dans la nuit de Noël dernier, en l'église de Notre-Dame-
des-Ardilliers, lors de la célébration de la messe de
minuit, et là, indiscrètement reçu le Saint-Sacrement de
l'autel ; en demanderont pardon à Dieu, au roi et à la

____

(1) *Histoire de l'origine...*

justice. Ce fait les a bannis de cette ville, prévôté et vicomté de Paris, pour trois ans, et de la sénéchaussée de Saumur à perpétuité ; en outre, les condamne à douze cents livres tournois d'amende envers le roi, applicables, savoir : deux cents livres au pain des prisonniers de la Conciergerie du Palais, et la somme de mille livres tournois qui sera, à la diligence du substitut du procureur-général en ladite sénéchaussée, employée en l'achat d'une lampe d'argent de la valeur de deux cents livres, qui sera mise dans ladite église de Notre-Dame-des-Ardilliers au-devant du lieu où repose le Très-Saint Sacrement ; les huit cents livres restant à fonder une rente pour entretenir et faire luire à perpétuité ladite lampe, et pour faire mettre et attacher proche du lieu où est le Saint-Sacrement une lame en laquelle sera écrit le présent arrêt. Pour le payement de laquelle somme de douze cents livres, lesdits Havet et Brigaud tiendront prison ; leur enjoint de garder leur ban et leur fait défense de récidiver à peine de la vie. Et pour l'exécution du présent arrêt, a renvoyé et renvoie les dits Havet et Brigaud prisonniers par devant ledit assesseur criminel à Saumur. Fait en Parlement, le 17 février 1632. »

(Extrait des registres du Parlement.)

La lame dont parle l'arrêt n'existe plus, mais on avait placé au-dessus d'elle une table de marbre que nous avons encore et sur laquelle est gravée une inscription latine dont voici la traduction :

LOIN, LOIN D'ICI LES PROFANES !

Est-il une meilleure preuve du respect général que le châtiment exemplaire de cette criminelle exception ?

CHAPITRE VI

CONSTRUCTION DES DIFFÉRENTES CHAPELLES DES ARDILLIERS

Les bienfaits attirent la reconnaissance. Aux Ardilliers, la reconnaissance des pèlerins se manifesta par l'empressement à favoriser la construction des différentes chapelles qui forment aujourd'hui l'église.

Comme nous l'avons dit au commencement de cette notice, la statue miraculeuse n'eut d'abord pour abri qu'un simple arceau de pierres bâti aux frais de la commune. Si l'on en croit la tradition il devait se trouver à peu près à l'endroit occupé maintenant par l'autel de la Sainte-Vierge un peu plus avancé toutefois du côté de l'épître. Simple détail assurément, que nous tenons pourtant à donner, parce qu'il intéresse la piété aussi bien que les souvenirs historiques.

Quand fut construite, plus tard (1534), la première chapelle dont nous avons déjà parlé, André Hardré, fils de Pierre Hardré, voyant que la foule se pressait trop et faisait naître ainsi une confusion fort nuisible au recueillement, voulut y transporter la sainte image ; mais, quelle ne fut pas sa surprise, le lendemain, en la retrouvant sous l'humble arceau d'où il l'avait retirée la veille ! Ce bon vieillard eut un tel repentir de sa témérité, pourtant bien excusable, qu'il fit faire une procession générale des paroisses de la ville jusqu'aux Ardilliers, pour conjurer le Seigneur de ne châtier ni lui, ni sa famille, laquelle, du reste, n'était point dans le secret de sa malheureuse tentative. A cette intention, il jeûna lui-même trois mois entiers.

« Il existe un acte public de ce miracle, passé sur le témoignage de deux anciens bourgeois de Saumur, qui ont dit l'avoir appris de la bouche même du susdit André, lequel vivait encore il n'y a pas plus de quarante ou cinquante ans (1). »

La chapelle dont il s'agit forme aujourd'hui le fond de la nef ou le sanctuaire dans lequel se trouve l'autel du Saint-Sacrement. Mais elle ne possédait alors ni les mêmes proportions, ni le même caractère architectural.

N'est-on pas en droit d'affirmer qu'ayant été construite dans la première moitié du xvie siècle (1534), elle devait avoir le style de cette époque, et que la voûte, aux nombreux faisceaux de moulures prismatiques, dominant encore de nos jours le vestiaire de la sacristie actuelle, est un reste de cette chapelle primitive ?

Ce qui est absolument hors de doute, c'est qu'elle a été à peu près complètement refaite en 1668, dans les circonstances suivantes :

A cette époque, le niveau de la chapelle était de deux pieds au-dessous du niveau des chapelles construites précédemment par Richelieu et Abel Servien, comme nous allons le dire bientôt. Des pièces en notre possession l'établissent expressément. Les voûtes aussi étaient plus basses que les autres.

Or, les Oratoriens ayant entrepris la construction d'un autel nouveau, le sculpteur Biardeau, d'Angers, donna au rétable une hauteur telle qu'il était impossible de le poser sous les voûtes alors existantes.

Pour remédier à cet inconvénient, qui suscita de longues difficultés entre les parties contractantes, on s'arrêta, pendant quelque temps, à la pensée de placer l'autel à l'entrée du chœur, sur la même ligne que ceux des autres chapelles.

---

(1) Le livre étant de 1715 cette indication donne la date de 1660, à peu près.

Dans ce plan, le sanctuaire aurait été converti en sacristie. Très heureusement, on prit en dernier lieu le parti d'exhausser les voûtes de la chapelle et celles de la nef, qui étaient de même hauteur, puis de placer au fond le nouvel autel.

Pour lui donner plus de lumière, on abattit la sacristie où étaient déposées les reliques, celle qu'on appelait le *trésor*, parce qu'on y conservait les objets sacrés ou profanes les plus précieux. Cette sacristie était adossée au mur du chœur, où s'ouvre maintenant la seule fenêtre qui éclaire le sanctuaire, dans la cour encore appelée *cour du trésor*.

L'autel est surmonté d'un rétable, orné de colonnes, de guirlandes et de statues.

Le rétable et les guirlandes sont l'œuvre de Biardeau.

Quant aux nombreuses statues, huit seulement datent de cette époque : celles qui représentent des anges : 1° au sommet du rétable où ils entourent la croix d'un linceul ; 2° sous le cintre qui s'arrondit immédiatement au-dessus de l'autel : là, ils suspendent une couronne ; 3° sur l'une et l'autre corniche de l'entablement, où ils tiennent un diadème, emblème de l'autorité royale. L'artiste a voulu rappeler, par cet emblème, la grande part que prit Marie-Thérèse à la construction de ce monument, et l'intérêt que montra, pour cette œuvre, Louis XIV lui-même. Toujours dans ce but, il a sculpté, sur le cintre dominant l'autel, la lettre L., initiale du grand roi, et les deux lettres entrelacées M.-T., chiffre de la reine, son épouse.

Toutes les autres statues ont été posées en 1856. Elles sont dues au talent de M. l'abbé Choyer, d'Angers, pour qui le symbolisme religieux est incomparablement au-dessus de la plastique, dont il connaît cependant les règles et les secrets.

La piété la plus vive et la plus intelligente n'a-t-elle pas présidé, autant et plus que l'art, au dessein de l'auteur ? Dans une église consacrée à la Mère des Douleurs, les scènes émouvantes de la Passion doivent paraître tout entières.

Aussi voyons-nous, entre les colonnes de marbre noir, à gauche de l'autel, un ange tenant un suaire, et, plus loin, l'*Ecce Homo* ; puis, à droite, un autre ange portant la tunique du Sauveur, sur laquelle sont trois dés pour indiquer qu'elle a été mise au sort ; et enfin, le Christ à la colonne.

Mais ce qui frappe davantage l'attention, c'est le groupe placé dans le grand encadrement du rétable.

Si les habiles ont des réserves à faire, à leur point de vue, il est incontestable que, pour l'âme pieuse, ces pierres ont un langage des plus saisissants.

La croix domine, parce que sur elle s'est opéré le mystère de la Rédemption, quand le Fils de l'Homme y a rendu le dernier soupir, après y avoir versé tout son sang.

Le prix de ce sang divin n'est-il pas marqué par la religieuse attention que mettent les anges à recevoir dans une coupe celui qui coule des mains crucifiées du Sauveur ?

Et pourquoi ce sang coule-t-il ? Lisez l'inscription gravée sur la tablette portée par un ange : *iota unum, aut unus apex non præteribit à lege, donec omnia fiant ;* il faut que la parole de Dieu s'accomplisse : il n'en périra pas un iota, ni un point.

Telle est bien la cause des douleurs de Marie. Aussi Marie est là, debout, les mains jointes, le regard fixé sur son divin Fils, dans une attitude pleine d'amertume et de résignation ; tandis qu'en face, saint Jean, substitué à Jésus, se couvre le visage de sa tunique.

Pourquoi ces souffrances de la Mère et cette mort du Fils ? Pour la réconciliation du ciel avec la terre, du Créateur avec la créature ; pour la satisfaction de la justice et de la miséricorde, comme l'indiquent les deux anges qui se donnent le baiser de paix.

Que cet ensemble ne soit pas en tout conforme à la sévérité des règles de l'art, on le prétend, et nous n'y contredisons pas ; mais il n'en produit pas moins un bon effet.

Ce rétable fut payé, en grande partie, par la pieuse reine Marie-Thérèse d'Autriche, en exécution d'un vœu fait par elle dans une maladie. Elle envoya à Notre-Dame-des-Ardilliers M. Lepelletier, son aumônier, qui s'entremit pour l'exécution du traité passé entre les Oratoriens et le sculpteur Biardeau, et qui versa la somme de six mille huit cents livres tournois. Le roi voulut voir le plan de cet autel, l'approuva et en recommanda le prompt achèvement (1).

Derrière cet autel, il existe une sacristie remarquable, dans laquelle on pénètre, de droite et de gauche, par un long couloir. Le duc de Vendôme la fit construire à la fin du XVIIᵉ siècle, ou, tout au plus tard, au commencement du XVIIIᵉ, « pour la commodité des prêtres survenants et pour garder les précieux *ex-voto* présentés à la Sainte Vierge, en reconnaissance de ses bienfaits ». Evidemment, cette sacristie a remplacé celle dont nous avons mentionné plus haut la démolition.

De son côté, le cardinal de Richelieu, pour remercier Notre-Dame « de l'avoir guéri d'une maladie désespérée, à Sangeon, lorsqu'il revenait du Languedoc », avait déjà fait élever, en 1634, la chapelle qui porte aujourd'hui son nom, celle de gauche, située du côté de la Loire, et dédiée à la Sainte Vierge, dont elle possède le groupe béni (2).

---

(1) Le cintre que l'on voit aujourd'hui sous le rétable était destiné, primitivement, à recevoir la statue miraculeuse. On changea ensuite d'idée et on résolut d'y placer un groupe représentant la Vierge, saint Joseph, et le Divin Enfant. Aucun de ces projets ne fut mis à exécution.

(2) On avait gravé, sur la première pierre, une inscription qui en rappelait l'origine. On l'a retrouvée, lorsque la chapelle a été démolie en 1841. Voici cette inscription :

On aurait peine à s'expliquer cette construction qui paraît bizarre, à cause même de l'emplacement où on l'avait faite, à côté de la précédente, si on ne se rappelait que l'antique arceau se trouvait probablement englobé par le nouvel édifice.

A cet édifice, il fallait désormais un pendant pour avoir, autant que possible, un plan d'ensemble. Il y fut pourvu peu de temps après (1652) par « haut et puissant seigneur, messire Abel Servien, comte de la Roche-des-Aubiers, conseiller du Roi en tous ses conseils, ministre d'État, commandeur et garde des sceaux de sa majesté », qui fit bâtir une troisième chapelle de l'autre côté, « de même grandeur, à pareille sculpture que celle dudit seigneur Cardinal ; et dans cette chapelle repose le corps dudit seigneur proche de celui de madame sa femme ».

Ce généreux chrétien ne tarda pas à donner une nouvelle preuve de sa magnificence. « En l'année 1654, le seigneur comte Servien, lors surintendant des finances, fit jeter les fondements du dôme, qu'il a fait élever environ de quarante pieds de hauteur du rez-de-chaussée, où l'ouvrage est demeuré par le décès dudit seigneur, comte de Servien. »

L'honneur de l'achever était réservé au grand roi,

---

* Sous le pontificat d'Urbain VIII, Mgr Claude de Ruell étant évêque d'Angers, sous le règne de Louis-le-Juste, l'église de Notre-Dame-des-Ardilliers fut augmentée de deux chapelles, pour acquitter un vœu du pieux cardinal, duc de Richelieu, qui tomba gravement malade après avoir chassé les ennemis de l'État et pacifié le Languedoc. La première pierre fut posée au nom de son frère par illustre dame Nicole, épouse du haut et puissant seigneur Urbain de Maillé, marquis de Brézé, commandeur des ordres militaires de France, gouverneur des châteaux, villes et pays de Saumur et de Calais ; aux cris poussés par le peuple de : Vive le roi! vive le duc qui gouverne la France avec tant de gloire; en présence des autorités militaires et judiciaires, d'une foule de noblesse et d'un pieux clergé en prières. L'an MDCXXXIV, le IXᵐᵉ jour de juin

comme l'indique l'inscription qui se déroule, en forme de belle et riche banderole, sur la frise de l'entablement. Cette inscription, en lettres de cuivre, n'existe plus aujourd'hui qu'en partie. Autrefois on lisait :

P. O. P. MDCXCV, DEIPARÆ VIRGINI
LUDOVICUS XIV DEI GRATIA FRANC. ET NAVAR. REX
TOTO REGNO HÆRESIM DESTRUXIT
EJUSQUE FAUTORES TERRA MARIQUE PROFLIGAVIT (1)

En 1793, on fit disparaître tous les mots qui rappelaient la révocation de l'Edit de Nantes, et on ne laissa que ceux-ci : *P. O. P. MDCXCV Deiparæ Virgini Ludovicus XIV Dei gratiâ Franc. et Nav. rex.*

Aucun des auteurs qui ont écrit sur le pèlerinage de Notre-Dame-des-Ardilliers ne nous a laissé l'explication de ces trois lettres P. O. P. Désireux de combler cette lacune, nous avons prié le Révérendissime P. Abbé de Solesme, dom Couturier, de vouloir bien faire des recherches pour arriver à une solution. Notre confiance dans la science des moines bénédictins n'a pas été déçue, car nous recevions, quelques semaines plus tard, la lettre suivante :

✝

PAX

« Solesme, 9 août 1881.

« Mon Révérend Père,

« J'ai tardé beaucoup à répondre à votre question
« sur l'inscription de Notre-Dame-des-Ardilliers, parce
« que je ne connaissais pas la solution, aujourd'hui

---

(1) Louis XIV, par la grâce de Dieu, roi de France et de Navarre, détruisit l'hérésie dans toute l'étendue de son royaume, et en chassa les fauteurs par terre et par mer.

« encore je ne puis vous donner qu'une hypothèse ;
« vous jugerez vous-même de son plus ou moins de pro-
« babilité.

« Lorsque Louis XIV humilia son orgueil devant
« Clément IX, et fit abattre, à Rome, la colonne qu'il
« avait fait élever sous Alexandre VII, à l'occasion de
« l'insulte faite par la garde corse au duc de Créqui,
« une médaille fut frappée avec cette inscription :
« *Pietas opt. Principis, erga Clementem IX, M. DC.*
« LX. VII.

« Il me semble que nous avons là une solution pro-
« bable P. O. P. M. DC. XCV. *Deiparæ virgini :* Témoi-
« gnage de piété du Grand Roi *(Pietas opt. Principis,*
« *1695)* envers la Vierge Mère de Dieu.

« Agréez, etc.

« F. Charles COUTURIER,
« Abbé de Solesme. »

Cette interprétation paraîtra certainement satisfai-
sante. La construction d'un tel monument était un
magnifique témoignage de la piété du grand roi envers
la Très-Sainte Vierge. Rien alors de plus naturel que de
reproduire, sur ce monument, l'inscription gravée quelques années plus tôt, sur une médaille, pour rappeler la
déférence et la piété filiale du roi de France envers le
Souverain Pontife.

Ce dôme développe de larges dimensions, égales à
celles des *Invalides,* 20 mètres 33 de diamètre. « Il
reçoit le jour extérieur par huit grands vitraux, entre
lesquels sont sculptés des bas reliefs en pierre », représentant les quatre Evangélistes et les quatre grands
docteurs de l'Eglise latine, à savoir : saint Grégoire-le-
Grand, pape, saint Augustin, saint Jérôme et saint
Ambroise. Ces sculptures sont d'un goût classique et
d'un fort bon dessin.

Plusieurs notices, se copiant les unes les autres, ont

cité, parmi les quatre grands docteurs de l'Eglise latine, saint Léon au lieu de saint Grégoire-le-Grand.

C'est une erreur manifeste. Tout d'abord, saint Grégoire est un de ces quatre grands docteurs de l'Eglise latine. En outre, l'artiste a voulu le représenter, lui, et non pas un autre, comme l'atteste l'emblème sculpté au-dessus de sa tête : une colombe figurant l'Esprit-Saint.

Or, d'après Rohrbacher (tome IX, page 518), « on avait coutume de peindre le Saint-Esprit en forme de colombe, sur la tête de saint Grégoire écrivant ».

Aux frais de construction, la générosité des rois, des cardinaux, des seigneurs et de tous les fidèles, ajoutait les frais d'ornementation.

L'église des Ardilliers, aujourd'hui si pauvre et si modeste, était autrefois comblée des dons les plus généreux et des offrandes les plus empressées.

Nous n'avons rien à dire des richesses qui devinrent la proie des protestants, à leur entrée dans Saumur (1562). Ce pillage sacrilège nous a mis dans l'impossibilité même de pouvoir dresser une liste des trésors qui lui furent alors ravis.

Ce qu'avait détruit tout d'un coup ce violent orage, la piété des catholiques l'avait refait, pièce par pièce et jour par jour. Mais, hélas ! un nouvel orage, plus affreux que le premier, vint à son tour disperser et détruire cette nouvelle œuvre du temps. De tous ces biens sacrés que nos pères avaient vus, qu'ils avaient donnés, il ne reste plus... qu'un souvenir. Ce souvenir, toutefois, nous est cher, parce qu'il nous rappelle la foi de nos ancêtres. Aussi croyons-nous devoir dresser le catalogue suivant : il servira de *memento* et d'encouragement.

Avant les jours de délire où s'est consommée la dernière spoliation dont nous venons de parler, l'église possédait :

« 1° Une figure d'argent, représentant la reine Louise de Lorraine, envoyée par cette princesse elle-même, avec une fondation de six cents livres pour un salut à perpétuité ;

« 2° Une grande croix du poids de dix marcs, donnée par Mme de Mercœur, et sur laquelle étaient inscrits les noms de *Philippe-Emmanuel de Lorraine, duc de Mercœur* ; à côté on avait gravé les armes du prince ;

« 3° Une figure d'argent, pesant dix marcs, portrait de Mme de Montpensier, donnée par cette princesse ;

« 4° Un grand calice en argent, du poids de douze marcs, présent du maréchal Ornano ;

« 5° Un autre calice en vermeil, ciselé et enrichi de quelques pierreries, avec une patène, donné par le maréchal de la Châtre ;

« 6° Une grande lampe d'argent ciselé, pesant vingt-trois marcs, donnée par la reine, mère du roi, avec un parement d'autel de satin rouge cramoisi, couvert de broderies d'or et d'argent ;

« 7° Une couronne d'or enrichie de diamants, formant le nom de Jésus et entourée d'autres pierres précieuses, présent de la duchesse de Savoie. On avait gravé en dedans cette inscription : « L'an 1624, au mois de mai, Mme Christine de France, épouse de Mgr Victor-Amédée, prince de Piémont, a fait présent de cette couronne en l'honneur de la Très-Sainte Vierge, mère de Dieu, pour être posée à son image en cette église de Notre-Dame-des-Ardilliers. »

« 8° Une image de Notre-Dame, du poids de deux marcs, don de Mme Eléonore de Bourbon, grande tante de Sa Majesté, abbesse de Fontevrault ;

« 9° Une couronne d'or émaillé, présent de Mgr le duc d'Orléans, avec un parement complet de velours rouge cramoisi, couvert de broderies d'or et d'argent. La couronne portait cette inscription : *Gaston, fils de France, frère unique du Roi* ;

« 10° Une autre couronne d'or émaillé, avec un chapeau d'épines entrelacées, donnée par la maréchale de Brézé, portant ces mots : « L'an 1628, cette couronne a été donnée par Mme la marquise de Brézé, pour quelque grâce qu'elle a reçue de la Sainte-Vierge » ;

« 11° Une lampe d'argent du poids de dix marcs, avec les armes de M. le maréchal d'Effiat, et un fonds pour l'entretenir d'huile à perpétuité, donnée l'an 1628. Le maréchal mourut pendant qu'on élevait le bâtiment destiné aux Pères de l'Oratoire, qu'il avait fait commencer à ses frais. L'inscription de la première pierre de l'édifice était ainsi conçue : « L'an 1626, sous le règne de Louis XIII, Antoine de Ruzé, marquis d'Effiat, chevalier des ordres royaux, gouverneur de la Touraine, et surintendant des finances, représenté en son absence par noble homme André Bourneau, procureur royal, a posé le dix des kalendes d'août les fondements de cet édifice destiné aux prêtres de l'Oratoire, témoignage de sa pieuse libéralité et de l'exécution d'un vœu fait à la mère du Sauveur » ;

« 12° Une barque en argent, garnie de ses chaînes et avirons, pesant onze marcs. Mme de Cussé l'envoya en reconnaissance du secours miraculeux prêté par la Sainte Vierge en un péril où s'était trouvé M. de Cussé, premier président du parlement de Bretagne ;

« 13° Un ciboire d'agate, garni d'argent, ouvré à jour, donné par MADAME ;

« 14° Une lampe d'argent à jour, du poids de dix marcs, portait les armes de M. le duc de Brissac ;

« 15° Un grand tableau d'argent ciselé, entouré d'un cadre d'ébène, représentant la chapelle des Ardilliers et la sainte image, aux pieds de laquelle étaient à genoux M. de Chandenier, sa femme et ses enfants, remerciant

la Sainte Vierge de son aide favorable en une affaire
de très grande importance et d'une heureuse issue pour
sa maison ;

« 16° Le 8 septembre 1632, Louis XIII, en considération des grâces qu'il avait reçues de la Sainte-Vierge
et de l'assistance particulière qu'elle lui avait prêtée
pour la réduction de La Rochelle, donna à l'église des
Ardilliers deux grands chandeliers d'argent de cinq à
six pieds de hauteur. Ils furent présentés de la part du
roi par messire Pierre de Sasilly, sieur de Villeneuve,
conseiller du roi en ses conseils, et lieutenant du roi au
château de Saumur ;

« 17° L'an 1646, le 21 avril, la reine-mère envoya aux
Ardilliers un cœur d'or, au nom de Louis XIV, qui
entrait alors en âge de raison, avec l'intention que la
Sainte Vierge prît alors possession du cœur du roi et
mît son royaume sous sa protection. Emblème délicieux
d'une mère à une mère dont elle connaît le cœur plein
de bonté ! De nos jours encore, bien des femmes viennent dans ce sanctuaire offrir leurs enfants au Seigneur
par les mains pures et virginales de Marie ;

« 18° Le 15 août 1659, la marquise de la Vieuville
envoya une très belle lampe ciselée, chargée des armes
et du nom de sa maison, ornée de trois anges, le tout du
poids de soixante-dix marcs ;

« 19° Le président Baillet étant venu, vers le même
temps, rendre ses hommages à la Sainte Vierge aux
Ardilliers, y conçut le désir de faire faire deux beaux
chandeliers ciselés qu'il envoya effectivement dans la
suite. Ils servaient à l'ornement de l'autel ;

« 20° L'an 1661, M. l'abbé de Sillery vint rendre
grâces à la Sainte Vierge de la santé qu'il avait recou-
vrée par son intercession, et il donna, par reconnaissance, un riche parement d'autel à fond d'or avec une
chape de même étoffe sur laquelle étaient brodées les

armes de Mgr de Valençay, archevêque de Reims, oncle de l'abbé, dont les libéralités avaient d'ailleurs fort enrichi l'église ;

« 21° M. le chevalier de Rivau, pour s'acquitter d'un vœu qu'il avait fait à la Sainte Vierge, vint lui-même offrir un très beau tableau, représentant un Christ peint par Prévost, peintre du cardinal de Richelieu ;

« 22° Le 26 décembre 1664, M. le commandeur de Neuchèze envoya un navire en argent pour accomplir un vœu fait à la Sainte Vierge, dans un péril évident où il s'était trouvé sur mer, en commandant la flotte du roi. »

Tous ces magnifiques présents ornaient les murs, se balançaient suspendus à la voûte, ou brillaient sur l'autel, proclamant, à leur manière, la dévotion publique envers Notre-Dame-des-Ardilliers, avant la Révolution française.

CHAPITRE VII

LES ORATORIENS AUX ARDILLIERS

Ce mouvement religieux s'est soutenu de siècle en siècle, et si, de nos jours, les manifestations paraissent moins éclatantes, elles n'ont certes pas cessé d'être nombreuses.

D'autres pèlerinages se sont formés, la Salette, Lourdes, Pontmain, où se précipitent les peuples du monde entier. Cet élan vers des régions nouvelles peut expliquer, assurément, la diminution de renommée dont souffrent les sanctuaires antiques, plus ou moins éclipsés par l'éclat des nouveaux.

Et cependant le nôtre est toujours en très grand honneur, surtout au milieu des populations saumuroises, dont beaucoup n'ont guère conservé, en fait de pratiques chrétiennes, qu'un culte traditionnel pour Notre-Dame-des-Ardilliers.

Il nous sera facile, du reste, de retrouver dans la suite ce que nous avons raconté du passé. Services religieux, démarches officielles des villes, pèlerins dévots, associations pieuses, grâces extraordinaires, constructions grandioses, dons généreux ; tout cela va de nouveau se grouper sous notre plume.

La régularité du service religieux, nous l'avons dit précédemment, avait été assurée par l'installation (1)

____

(1) Un arrêt du Conseil de l'année 1610 avait ordonné qu'une somme de cinquante mille livres, prise sur les plus clairs deniers des généralités de Tours, Orléans, Poitiers et Le

des Oratoriens à Saumur (1619). Ils restèrent aux Ardilliers jusqu'à la révolution de 1789. Les dons des pèlerins et les largesses des particuliers leur permirent de faire des acquisitions territoriales dans le pays. Louis XIII leur donna le Bois-Doré qui couronne le coteau.

Ces pères ne se bornèrent pas à satisfaire la dévotion des pèlerins aux Ardilliers. Leur institut avait pour but la prédication, l'instruction des jeunes gens qui se préparaient au sacerdoce et l'enseignement en général. Aussi ne restèrent-ils pas oisifs à Saumur. Ils tenaient le collège (1) et faisaient des cours publics. Nous ne pouvons pas oublier ici le P. Thomassin, auteur du grand et savant ouvrage intitulé : *De l'Ancienne et de la Nouvelle Discipline de l'Église.* A l'âge de 19 ans, en 1638, il fut envoyé à Saumur pour y faire sa théologie. Quelques années après, il devint maître en cette science, et ses supérieurs l'envoyèrent, vers 1648, « professer la théologie à Saumur, qui était alors l'école la plus célèbre de l'Oratoire... » Rien ne marque mieux la grande opinion et l'estime que l'on avait conçue de lui dans son corps, puisque, n'étant pas encore âgé de 30 ans, on lui donnait un emploi qui demandait, pour ainsi dire, une érudition consommée et qu'on le préférait à un grand nombre

____

(1) La ville leur donna la direction de son collège en 1624. L'enseignement y était tout à fait gratuit. Une visite du collège, faite en 1705, constate qu'il y avait alors deux cents élèves, dont cinquante-trois pensionnaires.

____

Mans, serait affectée à la réparation de la chaussée, au revêtement du quai, ainsi qu'à la construction des bâtiments destinés à loger les desservants de l'église. Le maréchal marquis d'Effiat eut la surveillance de ces divers travaux, et il fit construire la maison que l'on voit près de l'église et qui fut, jusqu'en 1866, l'hospice de la Providence.

Le bâtiment coûta 25,000 fr., dont 10,000 furent donnés par le marquis d'Effiat.

d'excellents théologiens, dont la congrégation de l'Oratoire était dès lors suffisamment pourvue.

« Un homme moins laborieux, ou plutôt moins savant que le père Thomassin se seroit borné à sa classe de théologie ; mais ce grand homme, qui ne ménageait pas ses forces lorsqu'il s'agissait de l'utilité du prochain et de la gloire de Dieu et de l'Eglise, ne crut pas devoir s'en tenir là : il entreprit donc de faire toutes les semaines, outre ses leçons ordinaires de théologie scholastique, plusieurs conférences de théologie positive, et, soit l'importance des matières qui y étaient traitées, soit la profondeur et la nouveauté de la méthode, ces conférences lui attirèrent un très grand nombre d'auditeurs, tant catholiques que protestants.

... « Il continua pendant quelques années ses conférences de théologie positive à Saumur. Il y traitait les matières théologiques d'une manière savante, et, les dégageant des subtilités de l'école, il appuyait tous les points qu'il se proposait d'établir sur le témoignage de l'Ecriture, des Pères et des conciles. Il fut secondé dans cette pénible carrière par quelques-uns de ses confrères; ce qui leur acquit une si grande réputation que le célèbre Amyrault, ministre à Saumur, disait que *la maison de Notre-Dame-des-Ardilliers, des prêtres de l'Oratoire, étoit un fort que l'Eglise romaine opposoit à la place d'armes que les protestants avoient établie dans cette ville* (1). »

Dans ses moments de récréation, le père Thomassin cultivait un jardin qu'il avait planté lui-même d'arbustes et de plantes médicinales dont il connaissait la vertu et les propriétés. Il quitta Saumur avec regret vers l'an 1654. Le père Bourgoin, général de l'Oratoire, le fit venir à Paris pour continuer sur un plus grand théâtre les conférences publiques qu'il avait com-

____

(1) *Vie du Père Thomassin*, à la tête de ses œuvres.

mencées avec tant de succès à Saumur. Ce savant homme mourut en 1695.

La Révolution chassa les Oratoriens. Par un décret de la Convention, 27 messidor an IV (1796), elle donna le bâtiment, l'église et le *Jagueneau* à l'administration des Hospices, et y transféra l'établissement de la *Providence* qui, jusque-là, n'avait été qu'un hospice particulier, subsistant avec les dons et les aumônes des habitants. La loi du 17 fructidor an VII rendit cette translation définitive ; mais le *Jagueneau* fut détaché de la donation et vendu à part.

Enfin l'Hospice général ayant été établi à Nantilly (1869), le couvent des Oratoriens devint la propriété des *Filles de Jeanne Delanoue, religieuses de Sainte-Anne*, qui furent en même temps établies les gardiennes vigilantes du sanctuaire. Ce dernier appartient à la ville de Saumur, qui en a cependant concédé l'usage aux religieuses.

Deux ans plus tôt (1867), sur la proposition de M. Fourmy, curé de Saint-Pierre de Saumur, et de M. Coutant, curé de Notre-Dame de Cholet, supérieur, et, peut-on dire, second fondateur de la congrégation de Sainte-Anne, la direction spirituelle du pèlerinage avait été confiée, par Mᵍʳ Angebault, évêque d'Angers, à la Société des *Enfants de Marie Immaculée*, établie dans la première moitié du xixᵉ siècle, par le vénérable Louis-Marie Beaudoin, à Chavagnes-en-Paillers, diocèse de Luçon (Vendée).

Précédemment, des aumôniers dévoués et intelligents avaient continué soigneusement les traditions de leurs vénérés prédécesseurs.

CHAPITRE VIII

NOUVELLES CONSÉCRATIONS DE LA VILLE DE SAUMUR
A NOTRE-DAME-DES-ARDILLIERS

Grâce à cette heureuse impulsion, la ville de Saumur s'était empressée de revenir à ses antiques pratiques de culte respectueux et confiant. Les actes officiels par lesquels elle s'était consacrée autrefois à Notre-Dame ont été rappelés et renouvelés à deux reprises, par les premiers pasteurs du diocèse, de la façon la plus officielle et la plus éclatante.

Le 1er mai 1855, Mgr Angebault vint présider, à Saumur, une fête religieuse, dont un procès-verbal, dressé par ordre du prélat, rend compte en ces termes :

PROCÈS-VERBAL DE LA FÊTE DU 1er MAI 1855 A SAUMUR

« Nous, Guillaume-Laurent-Louis Angebault, évêque d'Angers, nous nous sommes transporté, le 1er mai de l'an 1855, dans la ville de Saumur. Nous y étions appelé pour présider à une grande solennité religieuse.

« C'était l'anniversaire du 1er mai 1615.

« En ce jour, la ville entière de Saumur, avec tous ses chefs et tous ses magistrats, s'était consacrée à la Vierge Marie, Mère de Dieu, dans la chapelle de Notre-Dame-des-Ardilliers, pieux gage de reconnaissance pour les bienfaits du passé et d'espérance pour les jours mauvais de l'avenir. Deux cent quarante années s'étaient écoulées, et parmi tant de vicissitudes et tant d'œuvres humaines que ces temps avaient vu naître et périr, le souvenir de ce grand événement religieux ne s'était pas effacé, et l'écho qui avait répété· ces pieuses protestations, semblait vivre encore comme le temple qui les avait entendues.

« Cependant le temps paraissait venu d'une nouvelle et grande démonstration.

« Marie reçoit de toutes parts des hommages inaccoutumés, l'Eglise la salue d'un titre nouveau, et les peuples se pressent avec plus d'amour vers ses images et ses autels. La ville de Saumur ne pouvait demeurer étrangère à ce grand mouvement, et, trouvant dans les traditions de son passé les monuments d'une dévotion spéciale, elle devait des témoignages spéciaux de sa piété et de son amour envers Marie. Il fut donc résolu qu'on renouvellerait la consécration solennelle du 1ᵉʳ mai 1615, et qu'on en ferait, le 1ᵉʳ mai de cette année 1855, un solennel anniversaire.

« Nous avons applaudi avec bonheur à ces désirs, et nous sommes venu avec joie présider cette belle fête de famille.

« Nous avons commencé les cérémonies de ce jour par la consécration d'un autel nouveau placé dans la chapelle du pèlerinage en l'église de Notre-Dame-des-Ardilliers.

« Nous ne dirons rien de cet autel, œuvre de M. l'abbé Choyer, et aussi, nous le croyons, réalisation d'une pieuse promesse·faite autrefois par lui. Nous ne parlerons pas non plus de cette chapelle, nouvellement restaurée, nous craindrions de blesser la vertu des humbles filles qui, pendant de longues années, ont recueilli avec tant de dévouement les présents du riche et l'obole du pauvre, pour réédifier, avec un nouvel éclat, le sanctuaire de Marie.

« A huit heures, entouré du clergé de la ville et d'un grand nombre de prêtres arrivés des paroisses voisines, nous avons consacré l'autel sous l'invocation de Notre-Dame-de-la-Compassion. La plupart des autorités avaient bien voulu se rendre à cette première cérémonie, et une foule compacte et attentive remplissait la chapelle. C'était une heureuse pensée, en effet, de faire précéder la consécration des personnes par la consécration d'un autel.

« Avec quelle confiance ne peut on pas se présenter et s'offrir à un autel où le Fils de Dieu, la victime sainte, vient s'immoler et s'offrir pour nous ? Après les belles et touchantes cérémonies de la consécration, par lesquelles l'Eglise n'a pas voulu seulement séparer l'autel des choses profanes, mais aussi présenter d'utiles leçons aux fidèles, sous des mystères et des symboles multipliés, nous avons célébré nous-même la sainte messe sur le nouvel autel. La musique du collège secondait heureusement la piété des fidèles et répondait aux sentiments qui étaient dans tous les cœurs. Après la messe, nous avons donné notre bénédiction pontificale, et ainsi s'est terminée cette cérémonie qui ne devait être, pour ainsi dire, que le prélude d'une plus imposante et plus solennelle.

« A trois heures, la place Saint-Pierre présentait un aspect inaccoutumé ; un détachement de cavalerie y stationnait, attendant le signal des chefs ; des flots de peuple, revêtu de ses habits de fête et le visage rayonnant de joie, se pressaient en foule et semblaient appeler de leurs vœux le moment désiré. Le signal est donné ; les différents corps qui doivent composer la procession sortent sur deux rangs de l'église Saint-Pierre.

« Un détachement de cavalerie ouvre la marche ; à sa suite viennent les différentes écoles de la ville, le collège, le pensionnat des dames de la Retraite et les autres pensionnats, les Dames de la Miséricorde, plus de 60 prêtres, les autorités de la ville, M. le sous-préfet O'Neill de Tyrone; M. Louvet, maire et député au Corps-Législatif ; ses deux adjoints et des conseillers municipaux ; M. le général comte de Rochefort, commandant supérieur de l'Ecole de Cavalerie, avec son nombreux et

brillant état-major ; MM. les administrateurs des Hospices et la société de Saint-Vincent-de-Paul ; enfin, un
second détachement de cavalerie fermait la marche, et
des cavaliers à pied, rangés en haies de chaque côté,
formaient l'escorte d'honneur. Nous étions heureux nous-
même de présider, au milieu de notre clergé, cette belle
et grande cérémonie.

« Non, nous ne l'oublierons jamais, la douce inpres-
sion que nous avons éprouvée, lorsqu'arrivée sur ces
longs quais qui bordent la Loire, la procession s'est
déployée tout entière et dans toute sa beauté. Nous ne
pourrions pas décrire le coup d'œil magnifique que présentaient ces costumes divers, ces étendards aux couleurs
de Marie, ces uniformes guerriers, ce déploiement des
forces militaires, qui, mêlées à nos pompes religieuses,
perdent ce qu'elles ont de terrible pour ne garder que
leur majesté. Les chants graves et religieux des prêtres
étaient interrompus, par intervalles, pour laisser
entendre les brillantes fanfares de la musique de l'Ecole,
tandis qu'à l'extrémité opposée, des chœurs d'enfants
chantaient des cantiques à Marie. Une foule immense se
pressait sur nos pas, mais, on le voyait, la religion pla-
nait au-dessus de cette foule recueillie ; le calme, le
silence, l'empressement à recevoir les bénédictions du
Pontife, disaient assez que le sentiment de la foi animait
tous les cœurs et que la joie de ce jour était une joie
du Ciel.

« Arrivés à l'église de Notre-Dame-des-Ardilliers,
M. le curé de Saint-Pierre, au nom de la ville de
Saumur, prononce l'acte de consécration à Marie.

« Aussitôt, les présents qui avaient été portés en
procession, sur des coussins de velours, par des enfants
des pensions et des écoles, furent présentés et placés par
MM. les curés de la ville de Saumur sur l'autel de Marie.
C'était d'abord un sceptre et une couronne, que nous
étions trop heureux nous-même d'offrir à notre Mère,
comme un gage de notre reconnaissance et de notre

amour. Puis une lampe, produit d'une souscription, un cœur de vermeil donné par les élèves du pensionnat de la Retraite, un calice, des flambeaux, un christ, un encensoir, présents de dignes et honorables familles.

« M. l'abbé Pergeline, chanoine honoraire de Nantes, monta ensuite en chaire, et dans un discours d'une facilité rare, et riche d'une brillante imagination, montra successivement les merveilleux rapports du culte de Marie avec les besoins de notre âge et dans les circonstances de la fête présente, les richesses toutes spéciales qu'il apportait à la ville de Saumur.

« Après ce discours, nous avons donné la bénédiction solennelle du Saint-Sacrement, et nous avons terminé cette belle et touchante cérémonie par le chant du *Te Deum*.

« Oh ! nous l'espérons, le souvenir de cette fête sera aussi durable que l'impression en a été douce et profonde. Nous n'en doutons pas, Marie aura souri avec bonheur à ces hommages, et, quand la ville de Saumur lui a promis de la servir, et de vivre heureuse et fière de son patronage, elle aura promis aussi de protéger Saumur, de veiller sur elle aux jours mauvais, et de garder toujours sa piété et sa foi. »

A Saumur, 1er mai de l'an de N. S. J.-C. 1855.

GUILLAUME, évêque d'Angers ; le Général comte DE ROCHEFORT ; le Sous-Préfet de Saumur, vicomte O'NEILL DE TYRONE ; le Maire de Saumur, député au Corps-Législatif, LOUVET ; QUESNAY DE BEAUREPAIRE, juge d'instruction ; RAGUIDEAU, adjoint ; DUTERME, adjoint ; DELAVAU, président du Tribunal civil ; CADIEU, administrateur des Hospices ; Léon MAYAUD ; DE LINIER ; Albert MAYAUD ; Paul MAYAUD, membre de la commission des Hospices ; Edouard GIRARD, membre de la commission des Hospices ; CHEVALIER, membre de la commission des Hospices ; JOLY-LETERME, architecte chargé de la restauration de la chapelle de Notre-Dame-des-Ardilliers ; BINEAU, médecin en chef des Hospices ; E. DEPERRIÈRE ; Charles BRUAS, président du Tribunal de commerce ; REVEILLÈRE-BEAUFILS ; Charles CHANSON, principal du collège ; F. GROLLEAU, secrétaire de Monseigneur ; RAVENEAU, chanoine secrétaire de l'évêché ; Paul RATOUIS, juge de paix de Saumur (Nord-Ouest) ; Paul DABURON ; CHESNET, chanoine ; P. MARQUET, commissaire de police ; H. GENDRON ; RICHARD, procureur impérial ; VALLIENNE, inspecteur primaire ; J.-E. BURY, docteur-médecin ; CHESNEAU, secrétaire économe des Hospices ; Charles TROUILLARD, maire de la commune de Vivy, membre de la Société de Saint-Vincent-de-Paul ; Th. DUCAMP ; LEROUX ; BOUCHARD, médecin en chef des Hospices ; L. DUMAS ; FOURMY, curé de Saint-Pierre ; BESSON ; Th. DAGET ; LECOY, conseiller municipal ; CHEDEAU, conseiller municipal ; JOULLAIN ; L. HENRY, curé de Saint-Nicolas ; RALLET-LAPORTE, juge au tribunal de commerce ; BROU, sous-intendant militaire ; Charles GAURON, juge au tribunal de commerce ; PELÉ ; DARNIGE, chef d'escadron ; BEYER, major ; D'AURE ; J. MICHAUD, lieutenant-colonel ; BUCAILLE, membre du Conseil municipal et du Conseil d'arrondissement de Saumur ; THOREAU DE LA MARTINIÈRE ; COURTILLIER jeune ; Ezéchiel DEMAREST, président de la conférence de Saint-Vincent-de-Paul, maire de Bagneux ; MACÉ, aumônier de l'Hospice de la Providence ; H. GRIGNON, curé de Nantilly ; COULON, curé de la Visitation ; COUTANT, prêtre, supérieur ; le colonel commandant en second l'Ecole impériale de cavalerie ; SCHMIDT ; E. BAILLOU DE LA BROSSE ; sœur Sainte-Angèle ; sœur Marie des Séraphins, supérieure générale.

Comme on le voit, au bas de cette pièce importante sont apposés les huit cachets de l'Evêque, du Général, commandant l'Ecole de Cavalerie, du Sous-Préfet, du Président du Tribunal, du Maire, de l'Intendant militaire, du Juge de paix et des Administrateurs de l'Hospice. Suivent des signatures nombreuses de personnages importants par leurs fonctions officielles ou par leur position dans la société.

Quelques années plus tard, le 20 novembre 1870, Monseigneur Charles-Emile Freppel, dont le courage et le talent incomparables ont fait un des plus grands évêques de notre époque, visita Saumur pour la première fois.

C'était au fort de cette guerre malheureuse que la France soutenait contre l'Allemagne. Nos armées, vaincues, fuyaient devant l'ennemi qui menaçait alors d'envahir l'Anjou.

L'illustre prélat, accompagné d'un de ses vicaires généraux, du clergé de la ville, des Missionnaires et d'une immense multitude de fidèles, vint à Notre-Dame et y consacra solennellement à la Sainte Vierge son diocèse tout entier, et particulièrement Saumur.

On s'empressa de rédiger une formule de consécration, analogue à celle que l'Evêque avait prononcée, et beaucoup se firent un devoir d'y adhérer. Nous la reproduisons, telle qu'elle est consignée sur un parchemin, sauf les signatures que l'on peut compter par centaines, et qui rappellent les noms les plus autorisés, les plus respectables de notre cité. Nous ne pourrons en publier qu'un petit nombre.

CONSÉCRATION DE LA VILLE DE SAUMUR
A NOTRE-DAME-DES-ARDILLIERS

« Sainte et Immaculée Vierge Marie, dès la plus haute antiquité, nos religieux ancêtres, les habitants de Saumur, vous ont voué un culte particulier.

« Prodigues des témoignages de leur piété, surpas-
sant en générosité des villes beaucoup plus populeuses,
ils vous ont élevé dans l'enceinte d'une même cité deux
monuments vastes et magnifiques, *Notre-Dame de Nantilly* et *Notre-Dame-des-Ardilliers*, les plaçant aux deux
entrées principales çomme pour vous en confier les
portes, les clefs et la garde, *posuerunt te custodem*.

« Non contents de vous consacrer l'hommage de ces
temples matériels, ils ont voulu vous faire une offrande
spirituelle plus agréable à vos yeux, celle de leurs
cœurs. Aussi, à deux reprises différentes, en 1454 et
en 1615, à la suite d'une assemblée de ville, il a été
résolu, à l'unanimité des suffrages, que Saumur, représenté par ses échevins et conseillers, se dévouerait à
votre service et à votre culte par un vœu solennel et à
perpétuité.

« Et nous, habitants de cette cité, au dix-neuvième
siècle, ne voulant point renier les traditions religieuses
de nos pères, mais au contraire les maintenir dans leur
intégrité, par l'organe de notre vénérable et bien-aimé
prélat, Monseigneur Charles-Emile Freppel, au jour de
sa première visite pastorale, le 20 novembre 1870, nous
entendons et voulons renouveler l'acte de consécration
que vous ont fait nos ancêtres.

« En conséquence, nous déclarons pour nous et nos
enfants, ceux surtout qui sont, en ce moment, exposés
aux dangers de la guerre, que nous vous choisissons
pour *Dame* et *Souveraine*, que nous plaçons nos personnes, nos familles, notre avenir temporel et spirituel
sous votre haute protection et puissant patronage.

« Et pour perpétuer dans la mémoire de nos derniers
descendants le souvenir de l'acte que nous accomplissons
aujourd'hui, nous voulons que la pièce originale et
authentique où il est consigné soit déposée et conservée
à jamais dans les archives de notre vénéré sanctuaire. »

    † CHARLES-EMILE, évêque d'Angers ; F. CHESNEAU,
        vicaire général ; CESBRON, curé de Saint-Pierre ;

Grignon, curé de Nantilly ; Henry, curé de Saint-Nicolas ; Robineau, curé de la Visitation ; Picherit, aumônier du collège ; Lelièvre, aumônier de la Retraite ; C. Trouillard, A. Lizé, A. Palustre, F. Ferru, Chasseloup de Chatillon, V.-U. Mesnet, L. Lambert, G. de Fos, J. Delmas, Albert Mayaud, B. Gaborit, L. Chevalier, Chapin, L. Denéchaud, A. Lehou, Guérin, Ch. Duveau, Blancard, P. Godet, J.-C. Poisson, L. Denéchaud, L. Pineau, E. Millocheau, H. Delavau, député ; Bossard, Gautier, de Saint-Chéreau, Paul Mayaud, député ; de Tigné, Paul Ratouis, P. Souchard, A. Berge, A. Bénard, Bourdon, L. Voisine.

Suivent d'autres signatures, en très grand nombre, signatures de prêtres, de religieuses et de membres des associations pieuses de la ville. Nous remarquons enfin les quelques lignes que voici :

« J'unis avec joie mes sentiments d'amour et de foi aux sentiments qui ont inspiré cette pieuse consécration à la Très-Sainte Vierge.

« † François, évêque d'Evreux,
« Ancien curé de Saint-Pierre de Saumur. »

C'est à l'occasion de cette démonstration religieuse que se produisit un incident dont il faut dire un mot.

L'évêque devait se rendre processionnellement de la cure de Saint-Pierre à Notre-Dame, lorsqu'il plut à l'administration municipale d'interdire, par arrêté du Maire en date du 16 novembre 1870, toute cérémonie religieuse en dehors des édifices consacrés au culte, sous prétexte qu'il existe, à Saumur, un Oratoire protestant, et que, dans les circonstances présentes, il y avait lieu de craindre des désordres et des conflits regrettables.

Cette mesure vexatoire ayant soulevé de légitimes

protestations de la part de Monseigneur Freppel, M. Crémieux, délégué du Gouvernement, à Tours, lui écrivit successivement les deux lettres suivantes :

« Tours, 15 novembre 1870.

« Monseigneur,

« Je regrette de ne pouvoir accorder l'autorisation d'une procession publique. J'aurais voulu, croyez-le bien, satisfaire au désir d'un Prélat qui donne à ses collègues un bel exemple de patriotisme, à la France une preuve si éclatante de son affection filiale.

« La loi commande, Monseigneur, et la République est le règne de la loi.

« C'est surtout, et je n'ai certes pas besoin de vous en faire la remarque, c'est surtout aux chefs et aux pasteurs du peuple à montrer pour la loi cette respectueuse soumission qu'il est si important de présenter aux populations comme le premier des devoirs. »

« Tours, 18 novembre 1870.

« Monseigneur,

« Le conseil tout entier a été d'avis que l'art. 45 de la loi organique fait obstacle à la procession ; mais il a exprimé l'opinion que l'arrêté du maire de Saumur devait être regardé comme non avenu.

« Je sais d'ailleurs que votre sagesse se fait un devoir de ne pas remplir ce que vous regardez même comme un acte éminemment religieux devant la pensée qu'un conflit serait possible. Je vous en remercie.

« Il est bien entendu, et je me hâte de vous le dire, qu'aucun obstacle ne peut vous empêcher de vous rendre du presbytère à l'église revêtu de vos habits pontificaux.

« Après la lecture de ces deux lettres, il est inutile d'ajouter que la procession ne peut avoir lieu, et qu'une telle infraction à la loi et aux ordres du gouvernement doit être immédiatement réprimée.

« J'envoie de suite à Saumur mon secrétaire particulier avec mes instructions. »

Cette affaire prit une grande importance et passionna tous les esprits. Le retentissement que lui donnèrent les journaux ne fit qu'exciter l'intérêt des fidèles en faveur de la démonstration désirée. Aussi quand fut venu le jour, une foule immense se pressa-t-elle avec sympathie autour de l'évêque, qui se rendit, à pied, de la cure Saint-Pierre à Notre-Dame, sans habits pontificaux. Le quai de Limoges était littéralement envahi, tant on avait à cœur de protester contre les mesures tyranniques de l'autorité municipale... et surtout républicaine.

Le 20 novembre, Monseigneur Freppel pouvait écrire à M. Crémieux :

« Saumur, le 20 novembre 1870.

« Monsieur le Ministre,

« Je lis à l'instant même dans le *Courrier de Saumur* les deux lettres que vous m'aviez fait l'honneur de m'adresser, relativement à la procession qui devait avoir lieu dans cette ville pour demander à Dieu le succès de nos armes. Au milieu de nos communes préoccupations, le moment me semblerait mal choisi pour discuter l'interprétation que vous paraissez donner à l'article 45 de la loi du 18 germinal an X. Il me serait facile de démontrer qu'elle a contre elle la jurisprudence et les auteurs, et mon mémoire était tout prêt. Mais, du moment que M. le Maire de Saumur, averti par le gouvernement que « son arrêté devait être considéré comme non avenu », consent à le retirer, j'aurais mauvaise grâce de n'être pas satisfait ; car je ne demandais pas autre chose. Ce fonctionnaire a d'ailleurs fourni à ses concitoyens l'occasion de faire une manifestation religieuse et patriotique telle qu'il ne s'en était peut-être pas produit à Saumur depuis des siècles. Mon cœur d'évêque en a été inondé de joie.

« Agréez, Monsieur le Ministre, l'assurance de ma haute considération.

« † CH. EMILE,
« *Evêque d'Angers.* »

Dans une autre circonstance, non moins critique pour elle, la ville de Saumur a manifesté la confiance séculaire qu'elle a toujours eue en Notre-Dame-des-Ardilliers.

L'hiver de 1879-1880 avait été si rigoureux et si prolongé que la Loire était devenue une immense glacière dont on attendait, avec une certaine angoisse, l'effondrement.

Le 7 janvier 1880, à cinq heures du soir, il se produisit une première débâcle, qui recommença trois heures après. Un fracas sinistre se fit alors entendre, semblable au roulement du tonnerre. Les glaçons, ébranlés, culbutés, vinrent se jeter sur le pont, dont on sentait frémir les piles, qui avaient soutenu pourtant de rudes assauts dans les précédentes inondations. Une foule considérable ne cessait de stationner aux abords du fleuve.

Quelle ne fut pas, le lendemain, la stupeur générale, quant on vit la Loire complètement obstruée par une masse énorme de glaces immobiles, sur une longueur de huit kilomètres, s'étendant du Château de la Vignolle, commune de Montsoreau, jusqu'à Notre-Dame-des-Ardilliers.

Cette surface rugueuse, tourmentée, présentait un aspect majestueux, mais effrayant. Plus de cinq mille personnes se rendirent à Villebernier dans la première journée, pour considérer le spectacle unique que présentait l'aspect du fleuve. C'était aussi imposant que les plus célèbres glaciers des Alpes.

Quelques jours après, M. Camille Flammarion écrivait à un journal de Paris :

« Il y a là plus de vingt millions de mètres cubes de glace (chaque mètre pèse 930 kilogrammes), c'est-à-dire que cette banquise représente quelque chose comme dix-neuf milliards de kilogrammes qui peuvent être soulevés par une crue et entraînés par un courant rapide auquel ni levées, ni digues, ni ports ne sauraient résister.

« Et ce n'est là qu'une appréciation fort inférieure à la réalité, car depuis douze jours la Loire charrie de nouveau, et tous les glaçons viennent s'arrêter et se souder contre la banquise, de telle sorte que maintenant le fleuve n'est plus seulement pris de Saumur à Gaure, comme aux premiers jours de l'embâcle, mais jusqu'à Port-Boulet. Au moment où paraîtront ces lignes, il sera probablement pris jusqu'à Langeais, à plus de trente kilomètres de Saumur ; la banquise s'étend tout entière en amont et commence à quelques centaines de mètres du pont...

« Certains blocs m'ont arrêté des heures entières : j'ai vu des cavernes sous lesquelles on peut se tenir debout, des dolmens dans lesquels on peut s'étendre, des plaques transparentes de plusieurs mètres de longueur, dont les cassures vertes rappellent l'émeraude. Des feuilles mortes de saules, de peupliers, ont fondu la glace au-dessous d'elles et sont lentement descendues dans le trou qu'elles creusaient elles-mêmes, jusqu'à deux ou trois centimètres de profondeur, dessinant exactement leur forme.

« Un grand nombre de blocs ressemblent à s'y méprendre à du camphre, d'autres au marbre de Carrare le plus pur. Plusieurs ont une structure intime bien remarquable : supposez un banc de verre de vingt centimètres d'épaisseur, dont les deux faces inférieure et supérieure sont parfaitement 'unies ; au lieu d'être homogène, l'intérieur est formé d'alvéoles verticales, irrégulières, d'un centimètre de diamètre en moyenne, comme si l'on coupait une tranche horizontale dans un gâteau de cire d'abeilles ; les feuillets qui forment ces polygones irréguliers sont d'un blanc mat, tandis que l'intérieur est transparent : j'ai trouvé des milliers de kilogrammes de glace ainsi formée.

« Ce que nous pouvons espérer, c'est de voir quelque jour un lent dégel se produire sans grande crue et sans violence, ce qui n'est pas impossible, et la débâcle se former lentement et successivement. Mais si un dégel subit et général amenait tout d'un coup trois mètres de crue, et si le courant était violemment dirigé vers la levée de Villebernier, rien n'y résisterait, ni villages, ni fermes, ni bocages, ni prairies. »

Si le spectacle était grandiose, le danger était donc aussi imminent. De grandes précautions furent prises pour l'écarter, ou tout au moins pour l'atténuer dans la mesure du possible.

Avec le concours du génie et des pontonniers, les ingénieurs firent creuser un chenal pour ouvrir, sur la rive gauche, un débouché à l'eau. Pendant près de deux mois, des travaux de mines furent exécutés ; et l'on entendit, du matin au soir, de formidables détonations qui faisaient trembler le sol. La dépense journalière était à peu près de 300 kilogrammes de dynamite et de 200 kilogrammes de poudre.

Les pontonniers dégageaient quelquefois, dans un jour, jusqu'à six et sept mille mètres cubes de glaçons, tout en s'attaquant à une montagne qui mesurait, à certains endroits, *six mètres de hauteur !* Leur manœuvre était des plus intéressantes.

Quinze ou seize hommes montaient dans des bateaux et abordaient la terrible banquise. Après l'explosion des bouteilles de verre remplies de poudre, ou des capsules chargées de dynamite, ils halaient leurs bateaux sur la surface disloquée, et lui imprimaient ensuite des balancements vigoureux. Ces balancements, de droite et de gauche, ébranlaient violemment les glaces, et achevaient de les détacher, pour les livrer au courant qui les entraînait...

Bientôt la France entière se préoccupa de ce phénomène étrange. Les journaux de Paris abondèrent en descriptions faites par leurs reporters, et les étrangers accoururent des points les plus éloignés, comme des départements limitrophes. Il serait impossible de supputer le nombre des personnes qui en voiture ou à pied, circulèrent, pendant de longues semaines, sur les deux rives de la Loire, afin de contempler le glacier et de se rendre compte des travaux exécutés pour atténuer les effets de la débâcle.

Monseigneur Freppel y vint à son tour. Frappé du péril qui menaçait Saumur et la Vallée, il écrivit à M. le curé de Saint-Pierre la lettre suivante :

« Angers, le 18 janvier 1880.

« Mon cher Curé,

« La ville de Saumur est menacée d'un grand malheur. Il est impossible de se faire illusion sur les conséquences désastreuses que pourrait avoir un phénomène inconnu à nos contrées et qui attire en ce moment l'attention de la France entière. On tremble à la pensée de cet énorme banc de glace venant se précipiter sur la ville, ou bien occasionnant l'inondation de la Vallée dans le cas d'une forte crue de la Loire. Sans doute, l'administration civile ne néglige rien pour prévenir, dans la mesure de ses forces, un danger qui préoccupe tout le monde ; mais les hommes de science sont les premiers à confesser leur faiblesse devant de pareils fléaux. C'est pourquoi nous devons recourir à la toute-puissante bonté de Celui qui commande en souverain aux éléments de la nature. Telle est la doctrine de l'Eglise ; telles sont les traditions des populations chrétiennes. En omettant les prières publiques que la sainte Liturgie a coutume de prescrire en pareille circonstance, nous assumerions une grave responsabilité devant Dieu et devant les hommes. En conséquence, mon cher Curé, je vous invite à organiser, de concert avec vos collègues, une procession des quatre paroisses de Saumur au sanctuaire de Notre-Dame-des-Ardilliers, si cher à la population, et en face duquel le fléau s'est arrêté jusqu'ici. Vous aurez soin de vous entendre avec l'autorité municipale, pour que cette procession de prières puisse se faire sans inconvénient.

« Agréez, mon cher Curé, l'assurance de mon affectueux dévouement.

« † CH. EMILE, *Evêque d'Angers.* »

A la suite de cette lettre, MM. les Curés de la ville adressèrent au Maire la demande qu'on va lire, motivée par l'arrêté du 12 juin précédent, interdisant les processions sur le territoire de Saumur.

« Saumur, le 22 janvier 1880.

« Monsieur le Maire,

« Saumur est gravement menacé, et sa riche Vallée plus gravement encore. L'avenir, nous l'espérons tous, donnera tort aux plus alarmés, mais enfin nous sommes tous inquiets, et nous ne pouvons pas ne pas l'être.

« L'administration civile, par ses efforts mêmes pour conjurer le péril, en dénonce la gravité, et les plus habiles confessent qu'ils luttent contre un inconnu terrible. Comment l'attaquer ? Comment s'en défendre ?

« Tandis que l'administration, faisant ce qu'elle doit et ce qu'elle peut, emploie tous les moyens indiqués par la science humaine, nous, prêtres et catholiques de Saumur, nous nous croyons tenus en conscience d'employer en outre les moyens indiqués, et, dans certaines circonstances, ordonnés par la Religion.

« Or, Monsieur le Maire, contre les fléaux publics, l'Eglise a de tout temps particulièrement prescrit les processions solennelles. Notre intention serait donc de nous rendre processionnellement, dimanche prochain, vers deux heures, de l'église Saint-Pierre à Notre-Dame-des-Ardilliers, en passant par la rue de la Tonnelle et les quais.

« Sur la pressante invitation de Monseigneur l'Evêque d'Angers, au nom du clergé et des catholiques de Saumur, nous vous demandons, Monsieur le Maire, de lever le seul obstacle qui s'oppose à l'exercice d'un droit sacré et à l'accomplissement de ce que nous regardons comme un devoir : prier publiquement, afin de détourner de notre pays les calamités qui le menacent.

« D'évidence, l'arrêté du 12 juin dernier contre les processions ne visait que les cas ordinaires, et, assurément, Monsieur le Maire, vous étiez loin de prévoir que, quelques mois plus tard, vos administrés se trouveraient dans l'extraordinaire et critique situation où ils sont aujourd'hui, reconnaissant qu'ils ont plus que jamais besoin du secours de Dieu.

« Nous espérons, Monsieur le Maire, que vous ferez droit à une demande en soi si bien fondée et que les circonstances rendent aux yeux des fidèles, non seulement opportune, mais nécessaire. Nous désirerions, Monsieur le Maire, recevoir votre réponse le plus tôt possible, afin de prendre en conséquence les dispositions convenables.

« Nous avons l'honneur d'être, Monsieur le Maire, vos très humbles serviteurs,

« MÉRIT, *chan. hon., curé de Saint-Pierre.*

« HENBY, *chan. hon., curé de Saint-Nicolas.*

« GRIGNON, *chan. hon., curé de Nantilly.*

« GAULTIER, *curé de la Visitation.* » »

Le Maire, absent, répondit deux jours après :

« Paris, le 24 janvier 1880.

« Monsieur le Curé,

« Monsieur Bouilly m'a fait parvenir vos deux lettres du 22 courant, par lesquelles vous prévenez l'administration municipale de Saumur de votre désir de profiter de la banquise de glace qui s'est formée au-dessus de Saumur pour vous rendre processionnellement de l'église Saint-Pierre à Notre-Dame-des-Ardilliers.

« Au mois de juin dernier, j'ai, conformément aux désirs de la majorité des habitants de Saumur, pris un arrêté contre les processions, basé sur la loi qui interdit toute cérémonie religieuse extérieure dans les villes où existent plusieurs cultes reconnus par l'Etat.

« Cet arrêté vise toutes les processions en général, et je vous déclare que je le ferai respecter tant que j'aurai l'honneur d'être à la tête de l'administration municipale de Saumur.

« Je suis convaincu, du reste, Monsieur le Curé, que mes concitoyens m'approuveront dans cette circonstance comme ils l'ont fait l'année dernière, et qu'ils me sauront gré de laisser la science seule chercher les moyens de nous défendre contre le péril qui nous menace et qui est heureusement en partie déjà conjuré par elle.

« Agréez l'assurance de ma considération distinguée.

« *Le Maire de Saumur,*

« J. COMBIER. »

Cette lettre étrange, dont on appréciera facilement le caractère odieux, demandait une réplique qui ne se fit pas attendre.

« Saumur, le 27 janvier 1880.

« Monsieur le Maire,

« Par notre lettre du 22 janvier, nous vous deman-dions, non pas le droit de faire une cérémonie religieuse publique, ce droit nous le tenons d'une autorité indé-pendante de la vôtre, mais seulement de ne pas être empêchés d'occuper processionnellement, à telle heure, telle ou telle rue.

« Notre unique désir était et demeure d'obtenir de Dieu qu'il écarte les calamités dont nous sommes mena-cés, ou qu'il nous donne le courage de les recevoir et supporter chrétiennement.

« Sur quoi fondé, Monsieur le Maire, nous supposez-vous un autre désir, celui de *profiter de la banquise de glaces ?*...

« Dans notre lettre *officielle*, — et votre réponse a le même caractère, — si, au lieu de rendre simplement justice aux efforts de l'Administration civile, employant de son mieux les moyens indiqués par la science, nous nous étions permis d'insinuer que Monsieur le Maire *profite de la banquise* pour faire étalage de dévouement, nos amis eux-mêmes eussent, à bon droit, condamné un langage inouï d'autorité à autorité.

« Mais pourquoi nous plaindre d'avoir été traités comme peu de chose, lorsque, dans la même lettre, Dieu est traité par vous, Monsieur le Maire, comme s'il n'était rien, ou à peine votre adjoint ?

« Mes concitoyens », dites-vous, « me sauront gré de « laisser la *science* SEULE chercher les moyens de nous « défendre ».

« Il y a, Monsieur le Maire, concitoyens et conci-toyens ; beaucoup, et des meilleurs, ne vous sauront aucun gré d'invoquer la science *seule*.

« Du reste, Monsieur le Maire, l'idée est claire, et, à notre avis chrétien, effrayante. Vous l'avez exprimée sans détour, ce qui nous autorise à dire aussi notre pensée comme elle est. Si la majorité, non des électeurs *votants*, mais des Saumurois, a parlé par votre bouche, nous tremblons, car jamais ville menacée de pareil fléau n'aura *officiellement* jeté à la Providence pareil défi.

« Puissant motif, Monsieur le Maire, pour nous, vos administrés, qui croyons en Dieu, de prier davantage et plus ardemment que jamais.

« Empêchés d'invoquer publiquement Celui d'où ils espèrent le principal secours, les fidèles tiendront à user au moins du droit qui leur reste encore. Réunis au pied des autels, nous prierons pour MM. nos Administrateurs, comme nous venons de le faire, sur la demande du Gouvernement, pour MM. les Sénateurs et MM. les Députés. suppliant Dieu de ne pas laisser à la science *seule* le soin de nous sauver, mais de l'éclairer, de l'inspirer, et de vouloir bien intervenir directement, au cas possible où les savants et les forts se trouveraient tout à coup au bout de leur force et de leur science.

« Nous avons l'honneur d'être, Monsieur le Maire,
« *Vos très-humbles serviteurs,*

« MÉRIT, *chan. hon., curé de Saint-Pierre,*

« HENRY, *chan. hon., curé de Saint-Nicolas.*

« GRIGNON, *chan. hon., curé de Nantilly.*

« GAULTIER, *curé de la Visitation.* »

Le samedi suivant, l'*Echo Saumurois* publiait la note que voici :

« M. le Maire de Saumur n'ayant pas cru devoir se rendre à la demande, si bien motivée, faite par le clergé de notre ville, la procession générale n'aura pas lieu dimanche.

« Mais si les fidèles de Saumur ne peuvent faire tout ce que désirait leur piété, tout ce que prescrit l'Eglise en pareille circonstance, ils tiendront à user au moins du droit qui leur reste encore de se réunir aux pieds des autels, afin de prier ensemble pour la ville et le pays menacés.

« Sur l'autorisation de M⁗ l'Evêque d'Angers, des prières publiques seront dites dimanche prochain, savoir :

« A trois heures, dans l'église Saint-Pierre, chant du *Miserere* et du *Parce Domino*.

« A trois heures et demie, litanies des Saints et salut solennel à Notre-Dame-des-Ardilliers. »

Enfin, le même journal, dans son numéro du 3 février, rendait compte, en ces termes, de l'importante manifestation qui avait eu lieu le dimanche précédent (1ᵉʳ février 1880) :

« Les concitoyens de M. Combier viennent d'infliger un fier démenti à leur maire et lui prouver qu'il s'avance beaucoup trop lorsqu'il affirme qu'en supprimant les processions il a l'assentiment général.

« Plus de 8.000 personnes se sont spontanément réunies hier, dans un silence religieux, à Notre-Dame-des-Ardilliers, et ont renouvelé en quelque sorte le vœu de leurs ancêtres de 1615, implorant la protection de la mère de Dieu pour la ville...

« La chapelle de Notre-Dame-des-Ardilliers a été promptement remplie jusque dans les angles les plus reculés. Le sanctuaire, la nef, les chapelles et l'immense rotonde étaient beaucoup trop étroits pour contenir cette foule.

« Après le cantique si populaire et si patriotique, *Pitié, mon Dieu*, M. le Curé de Saint-Pierre est monté en chaire, et prenant pour texte : *Benedicite glacies et nives, Domino*, il a captivé l'auditoire par sa parole émue, imagée et vraiment saisissante. Ce discours éloquent fut suivi d'un chant liturgique recommandé par l'Eglise dans toutes les situations graves et périlleuses : le chant admirable des *Litanies des Saints*, auquel répondit toute l'assistance. Le salut solennel du Très-Saint-Sacrement fut ensuite donné, et la foule s'écoula silencieusement, pendant près d'une heure, par les rues et le quai de Limoges. »

La ville de Saumur n'a donc jamais cessé de mettre en Notre-Dame-des-Ardilliers toute sa confiance, de se vouer à son culte et de se porter avec empressement à ses fêtes. A ceux qui demanderaient d'autres preuves, nous pourrions rappeler les pèlerinages respectifs que toutes les sociétés ou congrégations pieuses n'omettent jamais de faire à la clôture de leur retraite annuelle.

D'autres villes ont suivi cet exemple. Les renseignements nous font malheureusement défaut sur les pèlerinages publics qui ont eu lieu, aux Ardilliers, avant l'arrivée des Pères de Chavagnes à Saumur. Nous ne pouvons dresser une liste de ces témoignages authentiques de la dévotion populaire envers notre célèbre sanctuaire, qu'à partir de 1869. Les plus dignes de mention sont les suivants :

1° Le pèlerinage de Saint-Clément-des-Levées (300 personnes) ;

2° Le pèlerinage de Gennes (60 personnes) ;

3° Le pèlerinage du collège des Jésuites, de Poitiers (400 personnes) ;

4° Le pèlerinage de Loudun, conduit par Messieurs les curés des deux paroisses de la ville (500 personnes) ;

5° Le pèlerinage de Tours, sous la direction du R. P. Mathieu, célèbre prédicateur dominicain ; de M. l'abbé Malmouche, vicaire-général, et de M. l'abbé Denéchaud, aujourd'hui évêque de Tulle (800 personnes, arrivées à Saumur par la Loire) ;

6° Deux pèlerinages successifs de Villebernier (100 personnes chaque fois) ;

7° Pèlerinage des Enfants de Marie de Chinon, et, l'année suivante, celui des Enfants de Marie des Tuffeaux.

A l'époque où nous écrivons (1882), ces démonstrations religieuses n'ont plus la liberté des rues, M. le Maire ayant interdit, depuis 1879, les processions du Sacre et les pèlerinages aux Ardilliers, sur le territoire de Saumur (1). Les manifestations catholiques gênant les instincts du vice, de l'impiété, et aussi sans doute les tendances de la République, quoi de plus naturel que de les supprimer ? La République n'est-elle pas l'ère de la Liberté, de l'Egalité et de la Fraternité ?...

(1) Ces mesures ont été rapportées en 1915.

CHAPITRE IX

DÉVOTION CONTEMPORAINE DES PÈLERINS ENVERS NOTRE-DAME-DES-ARDILLIERS

Bien que les démarches officielles et publiques eussent cessé de se produire, cependant les pèlerinages particuliers continuaient d'être fréquents.

Ne voit-on pas sans cesse de nombreux visiteurs accourir de tous pays, et s'empresser d'offrir à Marie leurs vœux ardents, soit pour obtenir la guérison d'une maladie, soit pour assurer le succès d'une sérieuse entreprise ? Est-il téméraire d'affirmer que rien d'important ne se décide, dans les familles chrétiennes de nos contrées, sans des neuvaines faites préalablement à Notre-Dame, neuvaines inspirées par la confiance, soutenues par la ferveur et souvent récompensées par le succès ? Quel voyageur, ayant gardé des sentiments religieux, ne s'empresse, en traversant notre ville, de faire une visite à ce rendez-vous des fidèles serviteurs de la Mère de Dieu ?

Ce concours est néanmoins plus considérable à certains jours de l'année. Parmi les fêtes, celles de *Notre-Dame-des-Sept-Douleurs* et de l'*Assomption* sont les plus suivies et les plus honorées. La première est la fête patronale, et la seconde la fête populaire par excellence.

Le 15 août, les visiteurs de la ville et des paroisses limitrophes viennent par milliers, et tel est, a certaines heures, l'empressement des pèlerins, qu'ils doivent se contenter de défiler simplement sous les yeux de Marie, et de ne laisser qu'en passant, le témoignage de leur culte et l'expression de leurs vœux.

La Sainte Table est assiégée par les fidèles, le matin pour des communions non moins nombreuses que ferventes, le reste de la journée pour l'imposition de l'étole et la récitation de l'Evangile.

Il semble justement aux mères chrétiennes que cette étole soit l'image de la main puissante de Marie, s'appuyant sur le front de leurs enfants pour les bénir et les protéger. Afin de prier avec plus de confiance et d'émouvoir plus profondément Celle qui est le *Secours des affligés*, elles viennent demander qu'on lise en leur présence, et sur leur front incliné, le récit évangélique de la Compassion. « Reine des martyrs, semblent-elles dire, vous savez ce que peut souffrir l'âme d'une mère. Eloignez de nous ce que vous avez enduré. Obtenez que la destinée de nos enfants ne se tourne pas en amertume pour nos cœurs ! »

Elles se relèvent, avec l'espoir ou d'être heureuses ou d'être résignées.

Ce pèlerinage des fidèles a persévéré d'âge en âge, parce que la Sainte Vierge n'a jamais cessé de manifester, aux Ardilliers, sa miséricorde et son pouvoir. Nous avons sous les yeux toute une liste de faits miraculeux dans le genre de ceux qu'on a déjà lus, mais d'une date plus récente. Ils sont loin d'avoir été tous recueillis ; on en compte cependant, dans un intervalle de 68 ans (1800-1868), de trente à quarante, qui sont dignes d'une mention spéciale. Ils pourront être, un jour, publiés séparément.

CHAPITRE X

CONSTRUCTIONS ET EMBELLISSEMENTS FAITS DE NOS JOURS À L'ÉGLISE DES ARDILLIERS

Pleins de reconnaissance pour ces faveurs signalées, les pèlerins de notre époque ont voulu, à leur tour, se montrer généreux en continuant l'œuvre de construction entreprise par leurs pères.

A dater du temps néfaste où la Révolution Française ouvrait les clubs et fermait les églises, les réparations, même les plus urgentes, avaient été négligées. Bien plus, dans ces jours de vandalisme furieux et insensé, tout avait été pillé à Notre-Dame. L'église elle-même, paraît-il, était devenue une salpêtrière. Pour trésors, elle ne possédait plus que ses murs, ses autels et ses ornements d'architecture. Le groupe vénéré avait été perdu pendant quelque temps, et, lorsqu'il fut retrouvé, la tête de la Vierge était séparée du tronc. Quant à l'ange, sur les mains duquel reposait le front du Sauveur, il avait disparu.

L'administration de l'Hospice, dont les ressources suffisaient à peine aux besoins des établissements qui lui étaient confiés, n'avait pu s'imposer la charge d'entretenir le sanctuaire. Par suite de cette négligence qui, pour être forcée, ne laissait pas d'être funeste, l'édifice sacré en était venu à inspirer des craintes, même sur sa solidité. C'était au point que le Conseil municipal crut devoir ordonner, en 1840, par mesure de prudence, que toutes les chapelles fussent démolies. Le dôme, seul, devait être épargné.

Peut-être cet arrêté municipal eut-il le tort de vouloir être trop complaisant pour l'administration des Hospices, qui, se proposant alors de transférer l'établissement de la *Providence* à l'*Hôtel-Dieu*, se voyait embarrassée par l'abandon dans lequel elle devait laisser l'église des Ardilliers.

Cette administration fut heureuse de s'appuyer, auprès du Conseil municipal, sur un rapport favorable de l'architecte de la ville, qui présentait l'église comme menaçant d'engloutir sous ses ruines, et les pauvres de la *Providence*, et les fidèles venus pour y prier. Lui-même allait procéder bientôt au démolissement, lorsqu'on le trouva mort, un matin, dans son lit. Cette circonstance extraordinaire sauva l'église, car son successeur, M. Joly, réussit à faire révoquer l'arrêt, en assumant sur sa tête toute la responsabilité.

Toutefois, la chapelle de la Sainte Vierge inspirant des craintes sérieuses, on la renversa en 1841, et l'on se mit en devoir de réunir les ressources nécessaires pour sa restauration.

Une famille des plus honorables et des plus chrétiennes de Saumur fit frapper des médailles, destinées à être vendues au profit de l'église. Dans le même but, M. Ludovic Desmé publia la première édition de cette Notice. En même temps, on ouvrit une souscription qui s'éleva à un chiffre considérable, grâce à l'empressement des habitants de notre ville et au zèle des pieuses filles de Jeanne Delanoue, dont quelques-unes se firent quêteuses. Les offrandes arrivèrent si bien de toutes parts que les travaux furent complètement achevés en 1855, comme l'indique une inscription gravée sur le fronton de la porte d'entrée. Nous en donnons la traduction :

« Cette chapelle de l'église des Ardilliers, construite en 1634, par l'Eminentissime Cardinal de Richelieu, menaçant de tomber en ruines, fut entièrement démolie en 1841. Les dons, tant des fidèles de Saumur que des pieux pèlerins de tous pays, permirent aux Religieuses de la Congrégation de Sainte-Anne de la faire reconstruire, sous le Pontificat du Pape Pie IX, l'épiscopat de Mgr Angebault, évêque d'Angers, le règne de Napoléon III, empereur, ainsi que sous l'administration de M. le Vicomte O'Neil de Tyronne, sous-préfet, de M. Ch. Louvet, député, maire de Saumur.

« Enfin, l'an 1855, aux applaudissements de tous, on la rendit au public, plus brillante que par le passé, sous la direction de M. Ch. Joly, architecte. » (1)

La reconstruction de cette chapelle et les réparations qui furent faites à cette occasion, dans les différentes parties de l'église, s'élevèrent à la somme de soixante-dix-sept mille quatre cent soixante-dix-neuf francs . (2)

Cette somme tout entière fut fournie par la générosité des fidèles, et spécialement des habitants de Saumur.

Seize mille neuf cent soixante-neuf francs furent consacrés à l'acquisition du nouvel autel de Notre-Dame-des-Ardilliers, qui est l'œuvre de M. l'abbé Choyer, d'Angers.

Au mois d'août de l'année 1856, l'*Echo Saumurois* publiait, sur cet autel, l'article suivant :

---

(1) *Hoc templi Ardilliensis latus, ab Emin. Arm. S. R. E. Card. de Richelieu ann 1634 ædificatum, cùm jam ruinâ collabens anno 1841 planè dirutum fuisset, ex donis omnium, tam civium urbis Salmurii quàm piorum undiquè peregrinorum Moniales congregationis Sanctæ Annæ instauravere, Beato Patre Pio Papa IX in sanctâ sede apostolicâ præsidente. Rev. et Illus. D. D. Gulielmo Laur Lud Angebault. eccl. Andeg. regente, Francorum genti Napoleone III imperante, in regione Salm. C. O'Neil Vicomte de Tyronne administratore, res civitatis gerente Car. Louvet, in curiam legislatorum legato, et tandem anno salutis 1855, omnium votis, majori decore ornatum exhibuére, Car. Joly, architect.*

(2) Voir, aux notes explicatives, la nomenclature des diverses réparations faites à Notre-Dame, de 1844 à 1881.

« Quelles sont les pensées dont s'est inspiré l'artiste ? Voici, ce nous semble, ce qu'il s'est dit à lui-même : « Pour exprimer les douleurs de Marie, suivant les traditions de l'art chrétien, je mettrai sous ses yeux le corps de son fils qui vient d'être détaché de la croix. Ce corps doit être mort ; cependant quelque chose doit dire que la divinité ne s'en est pas séparée, et que, s'il doit être mis au tombeau, il n'en verra pas néanmoins la corruption. Je le déposerai aux pieds de sa mère sur un linceul dont j'aurai recouvert le rocher du Calvaire. Assise sur ce rocher, les yeux fixés sur le visage adorable de son fils, Marie laissera voir une douleur profonde, qui toutefois ne l'empêche pas de méditer le mystère sublime, où la miséricorde et la justice se donnent le baiser d'une paix éternelle.

« A ce spectacle d'un Dieu mort sur la croix, de sa Mère plongée dans un océan de douleur, je veux appeler tout le ciel, car il n'en fut jamais de plus digne de lui. Le Père éternel paraîtra ému d'une compassion immense, puisque c'est cette compassion qui a désarmé sa colère irritée par nos crimes. Cependant deux Anges, assis à ses côtés, diront à la terre que ce Père si tendre a fait lui-même à sa justice et à son amour pour les hommes, le sacrifice de son fils unique. *Proprio filio, non pepercit, sed tradidit illum. Il n'a pas épargné son propre fils, mais il l'a livré pour nous* (1). D'autres Anges, descendus du Ciel, viendront contempler de près le douloureux mystère. L'un d'eux, à genoux, soutiendra la tête adorable du Sauveur;

---

(1) Nous avons copié, puis traduit, tous les textes latins qui sont gravés sur l'autel, parce qu'ils servent à le faire comprendre. Nous n'avons pas eu l'occasion de parler des deux mots qui se lisent au frontispice de l'autel : *Virgini Deiparæ, à la Vierge Mère de Dieu.*

Ce sont ces deux mots, *Virgini Deiparæ,* qu'un ministre protestant crut pouvoir traduire un jour, dans une discussion publique, par la *Vierge égale à Dieu;* un contre-sens pour faire dire aux catholiques une absurdité.

mais, n'osant la toucher, il couvrira ses mains du linceul étendu sur le Calvaire. En présentant à Marie le visage de son fils, cet Ange contemplera les ineffables douleurs empreintes sur les traits de cette divine Mère. Un autre, aussi à genoux, regardera avec un douloureux étonnement le corps de son Dieu immolé pour le salut du monde. Deux Anges encore se tiendront debout. L'un, portant la couronne d'épines, aura les yeux abaissés vers le mystère de douleur ; l'autre, tenant les clous qui ont percé les pieds et les mains de Jésus, élèvera les yeux vers le Ciel, comme pour demander au Père céleste par quelle incompréhensible justice, ou plutôt par quel excès d'amour il a livré son fils à une mort si cruelle.

« Jésus et Marie sur le Calvaire n'ont pas été donnés en spectacle à Dieu et aux Anges seulement. Je n'ai même montré le Ciel attentif à ce mystère que pour en faire connaître l'excellence aux fidèles et les inviter par là à le méditer et à l'honorer. Madeleine, prosternée, la face collée sur les pieds de son divin Jésus, sera le modèle que j'offrirai à tous, aux pécheurs aussi bien qu'aux justes, qu'aux âmes les plus ferventes.

« Je ne dois pas oublier non plus que cet Autel est destiné à honorer spécialement les douleurs de Marie. Ce sont ces douleurs, plus encore que le sacrifice de Jésus-Christ, que j'ai à faire comprendre. Pour atteindre ce but, j'entourerai l'Autel des femmes de l'Histoire Sainte dont les afflictions, sous quelque rapport, ont figuré celle de la divine Mère.

« Noémi a perdu son époux et ses deux fils. Les femmes de Béthléem continuent cependant à lui donner le nom qui rappelle sa beauté. « Non, non, leur dit-elle, « ne m'appelez plus Noémi, mais *appelez-moi Mara* (qui « signifie remplie d'amertume), car le Seigneur m'a « plongée dans un torrent d'amertumes : *Vocate me* « *Mara.* » Elle figurera Marie qui, sur le Calvaire, nous invite à oublier tous ses titres de gloire, pour ne considérer que l'immensité de ses douleurs.

« Ruth la Moabite a perdu l'enfant d'Israël qu'elle avait épousé. La détresse où elle se voit la réduit à glaner dans le champ de Booz ; mais elle adopte le peuple de celui qu'elle a perdu. Elle rappellera que Marie sur le Calvaire, en perdant Jésus, adopte ceux pour qui s'immole son divin fils. Marie dit à Jésus, comme Ruth à Noémi : « Désormais, *votre peuple sera* « *mon peuple. Populus tuus, populus meus.* » Je dirai la sollicitude de Marie pour ceux qu'elle vient d'adopter, en la représentant sous les traits d'Esther, s'efforçant par ses prières de faire révoquer la sentence qui condamne son peuple à une mort cruelle. *Dona mihi populum meum, pro quo obsecro. Donnez-moi mon peuple, pour lequel je vous adresse mes supplications.*

« Sous la figure de Rachel, Marie nous rappellera les larmes dont elle a arrosé la victime qui s'est immolée pour nous. *Il est, nous dira-t-elle, le fils de ma douleur. Filius doloris mei.* Mais quels sont ses autres *enfants qu'elle pleure, sans vouloir accepter aucune consolation, parce qu'ils ne sont plus ? Plorans filios suos, noluit consolari, quia non sunt.* Hélas ! ce sont les chrétiens endurcis dans le péché, que ne peuvent attendrir ni le sang de Jésus-Christ, ni les larmes de sa divine Mère !

« Ma pensée ainsi exprimée, je la compléterai en élevant la croix sur le sommet du Calvaire. Derrière la croix, le voile du Temple se déchirera. Je ferai deux trophées des instruments de la Passion, et je jetterai sur le rocher la robe sans couture avec les dés qui servirent à la tirer au sort.

« Une seconde scène, la mise du Sauveur au tombeau, me fournira le devant d'Autel. Joseph d'Arimathie et Nicodème tiendront les extrémités du linceul. Prêts à recouvrir le divin corps, déposé sur la pierre sépulcrale, ils lui donneront un dernier regard de respect, de douleur et d'amour. Une sainte femme baisera le linceul et

Madeleine collera une dernière fois ses lèvres sur les pieds de son Jésus, tandis qu'un disciple inconnu contemplera ce spectacle, pour s'affermir dans la foi. Marie aussi sera présente : elle a voulu rendre à son fils ce triste et dernier devoir. Elle tient un des coins du linceul, mais elle succombe sous l'excès de ses douleurs. Une sainte femme la soutient dans ses bras, aidée par le disciple que, du haut de sa croix, Jésus donna pour fils à sa mère. En représentant cette défaillance, ou, pour parler comme les légendaires, cette *pâmoison* de la Sainte Vierge, je suivrai une tradition antique et respectable, et je marcherai vers mon but, qui est de faire ressortir les douleurs de la Mère de Jésus.

« *Si nous souffrons avec Jésus-Christ nous serons glorifiés avec lui.* Cette vérité, je la montrerai accomplie en faveur de la Reine des martyrs. Au-dessus de l'Autel où j'aurai dit ses douleurs, je lui élèverai un trophée. Là, son chiffre paraîtra orné de lys et de roses, emblèmes de ses vertus, entouré du diadème, symbole de sa gloire ; et la colombe de l'Arche, portant le rameau d'olivier, rappellera que Marie annonce aussi la fin du déluge, la paix rétablie par le sang de J.-C. entre le Ciel et la Terre.

« Enfin l'Apôtre qui faisait profession de ne savoir que Jésus crucifié, et celui qui fut seul témoin du sacrifice de la croix, seront là pour enseigner la grande morale du Calvaire, l'amour de Dieu et du prochain, aux fidèles qui viennent en si grand nombre se prosterner au pied de cet Autel. *Marchez dans la dilection,* leur dira saint Paul, *comme Jésus-Christ nous a aimés et s'est livré lui-même à la mort pour nous. Ambulate in dilectione, sicut et Christus dilexit nos ; et tradidit semetipsum pro nobis.* Il a donné sa vie pour nous, ajoutera saint Jean, *nous devons donc aussi donner notre vie pour nos frères. Ille posuit animam suam pro nobis et nos debemus pro fratribus animas ponere.* »

« Tel est le plan créé, exécuté par M. l'abbé Choyer.

Mais nous nous apercevons que nous avons fait une omission grave. Au-dessus de la croix, le Saint-Esprit est représenté sous la forme d'une colombe qui projette de tous côtés des rayons. Est-ce un hors-d'œuvre, un symbole placé là sans signification, pour remplir un vide qui restait dans le plan ? Non. Le Saint-Esprit qui avait conduit Jésus dans le désert, pour qu'il y fût tenté par le démon, l'a aussi conduit à la croix, pour qu'il y mourût. Puis, c'est sur le Calvaire que la charité de Dieu apparaît au monde ; c'est là que le Saint-Esprit vient la prendre, pour en faire, selon l'expression de l'Apôtre, *la diffusion dans les cœurs* disposés à la recevoir.

« Tel est, disions-nous, le plan de cet Autel. Instruire, toucher et plaire est sans doute le but de l'art. Il peut lui être permis, lorsqu'il s'exerce sur un sujet profane, de se borner à plaire ; mais il doit, avant tout, instruire et toucher quand il s'applique à un sujet religieux. Il ne doit même alors chercher à plaire que pour mieux instruire, que pour émouvoir plus profondément les cœurs. M. Choyer l'a compris, comme on pouvait l'attendre d'un prêtre. Il peut dire de son art ce que saint Paul disait du ministère de la parole : *Nous ne ressemblons pas à tant d'autres qui profanent* le don que le Ciel leur a fait.

« Mais s'il a su trouver des motifs aussi instructifs et aussi touchants, a-t-il su les exprimer de manière à plaire ? Le public paraît le penser ; nous le pensons avec lui. Si maintenant on nous demande ce qui nous plaît dans cette œuvre, nous ne savons guère le dire : nous allons cependant essayer. Ce qui nous plaît, c'est la disposition, le naturel, l'expression, la variété.

« Nous aurions besoin d'être, avec notre lecteur, au pied de l'Autel même, pour lui faire remarquer comme chaque personnage, chaque objet est bien à sa place, comme tout l'espace se trouve rempli, et sans confusion. Il y avait cependant quelque difficulté à grouper sept personnages dans l'espace que laissait le rocher, déjà en partie couvert par le linceul et la tunique. Nous ferions observer aussi que rien n'est forcé, ni dans la pose si variée des personnages, ni dans l'expression des figures. La plupart expriment la tristesse; mais avec des nuances qui ne sont pas moins variées que les poses.

« Saint Paul et saint Jean aux avant-corps de l'Autel, ne sont pas représentés assistant au douloureux mystère. S'ils l'envisagent, c'est uniquement pour en déduire les conséquences qu'ils enseignent aux chrétiens ; aussi ce n'est pas la tristesse, mais le zèle et l'autorité apostolique qu'ils expriment, avec la physionomie que la tradition donne à chacun d'eux. Il n'y a encore qu'une légère teinte de tristesse sur la figure des deux Anges placés au sommet de l'Autel, pour révéler au monde que le Père éternel a fait lui-même le sacrifice de son fils.

« Noémi, Ruth, Rachel et Esther ne sont point là non plus comme des témoins de la mort du Sauveur. Ce n'est pas ce grand événement, ce sont leurs afflictions personnelles qui ont inspiré la tristesse que vous voyez sur leur visage. Ruth, prise au moment où elle recueille les épis tombés de la main des moissonneurs de Booz, paraît plus humiliée qu'affligée : l'humble occupation que la nécessité lui impose a fait diversion à sa douleur. Noémi ressent toute la sienne, mais elle nous semble accoutumée à en porter le fardeau, tandis qu'Esther et Rachel nous paraissent sous l'impression d'un coup récent et imprévu. La douleur d'Esther, qui a recours à la prière, est tempérée par la confiance ; celle de Rachel est inconsolable, car le malheur qu'elle déplore est consommé et sans remède.

« Toutes les autres douleurs ont la même cause : la mort de Jésus. Celle de Marie est profonde, méditative et affectueuse ; celle de Madeleine, qui n'est exprimée que par son geste, puisque son visage ne se voit pas, est plus sensible et plus expansive. La tristesse de l'Ange qui soutient la tête du Sauveur est pleine de compassion. L'étonnement domine sur le visage de celui qui est à genoux de l'autre côté et de celui qui élève les yeux vers le Ciel. Celui qui porte la couronne d'épines paraît accablé de douleur. Cette locution commune exprime ici le caractère particulier de la tristesse de cet Ange.

« Au tombeau, nous trouvons, dans la sainte femme qui baise le linceul, une douleur pieuse comme celle de Madeleine, mais plus timide. Celle de Nicodème, de Joseph d'Arimathie et du disciple inconnu est moins sensible et paraît surtout méditative et respectueuse. La défaillance de la Sainte Vierge offre à l'artiste l'occasion de donner une nuance nouvelle à la douleur ; elle paraît pleine d'anxiété sur le visage du disciple bien aimé et de la sainte femme qui soutient Marie dans ses bras.

« Nous avons étudié l'œuvre de la piété plutôt que celle de l'art, mais aussi, à notre avis, pourquoi ne le dirions-nous pas, la décoration de la maison de Dieu est avant tout l'œuvre de la piété. Qu'elle appelle l'art à son aide, rien de mieux : nous aimons, nous admirons l'art sans en connaître les secrets, et, si notre siècle refuse d'accepter la pensée la plus belle à moins qu'elle ne soit bien exprimée, nous ne blâmons pas sa délicatesse. Mais qu'il laisse à la piété inspirer l'art, le diriger pas à pas, du moment qu'il veut pénétrer dans le sanctuaire. Voilà pourquoi nous croyons que cette œuvre convient parfaitement à un prêtre, lui convient mieux qu'à tout autre.

♦ « Eh bien ! la part de la piété, dans l'ornementation de l'Autel de Notre-Dame-des-Ardilliers, a été plus grande encore que dans les autres travaux sortis de la même main. M. l'abbé Choyer, que la foi de ses parents avait mis, avant sa naissance même, sous la protection de la Sainte Vierge dans son sanctuaire des Ardilliers, a toujours ressenti pour ce lieu saint une vénération toute particulière. C'est là surtout qu'il aime à présenter ses suppliques à celle qui est le *secours des chrétiens*. Lorsqu'il revint de Paris, où il était allé se perfectionner dans les arts, pour fonder à Angers l'établissement qui jouit aujourd'hui d'une si grande et si légitime réputation, la comparaison qu'il faisait entre l'ampleur de son projet et l'extrême modicité de ses ressources ne le laissait pas sans quelque inquiétude. Il mit donc son entreprise sous la protection de Notre-Dame-des-Ardilliers, et, au pied de son Autel, il promit de donner, pour la décoration de son temple, un groupe de la Compassion. Quand on lui proposa de relever l'Autel du pèlerinage, les succès que M. Choyer avait obtenus le mettaient en demeure d'exécuter sa promesse ; il saisit cette occasion, et, pour accomplir son vœu, il donna le groupe qui comprend sept personnages, avec la croix, le voile du temple et le rocher du Calvaire. »

La chapelle Servien, dédiée à saint Joseph, avait été précédemment réparée, sans être toutefois complètement refaite. Les voûtes avaient été grattées, et leurs contours, leurs dessins, perdus sous une couche humide et verdâtre, avaient reparu, pleins de grâce et de légèreté.

Aujourd'hui, l'autel, d'un beau marbre rouge, est surmonté d'un tabernacle sur lequel on avait posé la statue miraculeuse, déplacée momentanément pour la construction dont nous venons de parler. Au-dessus est un encadrement qui abrite un groupe représentant un épisode de la fuite en Egypte.

On y admirait jadis un tableau donné, en 1650, à Notre-Dame-des-Ardilliers, par Abel Servien. Nous voulons parler du chef-d'œuvre de Philippe de Champagne, du tableau où ce grand artiste a peint vigoureusement, et peut-être avec moins de recherche que dans ses autres œuvres, la Présentation de l'Enfant Jésus au temple de Jérusalem.

Cette toile, du plus haut prix, une fois enlevée de sa place primitive et naturelle, avait été encadrée dans l'ancien autel de la Sainte Vierge, transporté dans la rotonde et devenu aujourd'hui l'autel de saint Jean l'Evangéliste, comme nous aurons bientôt occasion de le dire.

Or, un beau jour, on se permit, malgré les plus vives et les plus justes réclamations, de le ravir à l'église des Ardilliers, pour en décorer l'oratoire du nouvel Hospice Général. Evidemment, telle n'avait point été l'intention du donateur. Nous protestons contre ce changement de destination, d'autant moins facile à comprendre que, dans sa nouvelle situation, ce tableau manque de visiteurs et de lumière : il est exilé et aveuglé.

A toutes ces restaurations modernes, il faut ajouter les restaurations plus modernes encore, faites au dôme, soit au dehors, soit au dedans.

Un prêtre vénérable, chanoine honoraire d'Angers, enfant de Saumur, M. l'abbé Chevalier, a fait construire une galerie extérieure qui couronne, avec élégance, la rotonde, et la sépare avantageusement du campanile, éclairé lui-même par de grandes fenêtres, aux verrières transparentes, et surmonté d'une gracieuse boule sur laquelle se dresse majestueusement la croix. Puissions-nous voir un jour de belles et colossales statues, debout sur le sommet des huit pilastres, faisant comme une garde d'honneur à la Très-Sainte Vierge !

« La coupole, dit M. G. d'Espinay, repose sur un mur circulaire, comme le Panthéon d'Agrippa. Mais à l'extérieur la base est carrée, ce qui a permis d'établir des chapelles dans les angles formés par le cercle intérieur inscrit dans le grand carré extérieur. »

Ces chapelles sont au nombre de six, espacées régulièrement à droite et à gauche de la porte d'entrée.

La première, à droite, est abandonnée ; la seconde est dédiée à l'apôtre saint Jean qui reçut Marie pour mère; et la troisième à sainte Anne. On remarquera facilement la divergence de style qui existe entre l'autel Saint-Jean et le reste de la rotonde. La vraie place de cet autel serait dans les autres parties de l'église, où il se trouvait primitivement, puisque c'est l'ancien autel de la Sainte-Vierge.

A gauche, tout à fait en face, on trouve en premier lieu, le rocher de sainte Marie-Madeleine.

La tradition rapporte que cette illustre pénitente se retira, sur la fin de sa vie, dans la solitude de la Sainte-Baume, en Provence, pour pleurer ses péchés, jusqu'au jour où la mort lui ferait enfin retrouver Celui qui avait ravi son esprit et son cœur. De là vient, qu'à Saumur, on a profité des excavations nombreuses pratiquées dans le rocher, pour y établir le culte de celle *à qui beaucoup de péchés ont été remis parce qu'elle a beaucoup aimé.*

Autrefois, on gravissait le flanc de la colline par un escalier de cent marches, et l'on arrivait à une grotte étroite et mystérieuse, où les Pères Oratoriens célébraient la Sainte Messe. Au fond était une statue de la Magdeleine. Elle n'existe plus aujourd'hui, car elle fut enlevée en 1793 et traînée sur la place de la Bilange, où l'instrument de mort était en permanence. Les bourreaux la hissèrent sur l'échafaud et la guillotinèrent comme une *aristocrate.*

Depuis ce temps à jamais néfaste, une image de la Sainte, image en cire de grandeur naturelle, avait été placée dans le dôme, à l'entrée de la grotte, où l'on peut admirer aujourd'hui la remarquable statue en pierre, qui l'a remplacée avantageusement, en 1847. C'est l'œuvre de M. Barrême, d'Ancenis, qui s'est inspiré d'un modèle déposé à l'abbaye de Solesmes.

Marie-Magdeleine est là, voisine du trône resplendissant sur lequel repose le Dieu d'amour, dont elle a connu la miséricordieuse tendresse, tout près d'un gracieux autel où le Divin Maître entouré du séraphique mendiant d'Assise et du doux évêque de Genève, montre son cœur adorable à la bienheureuse Marguerite-Marie, prosternée dans le ravissement et dans l'extase.

Un sanctuaire dédié à Notre-Dame-des-Sept-Douleurs –

devait à la dévotion grave et touchante du Sacré-Cœur,
de lui réserver une place dans son enceinte. Les fidèles
l'ont si bien compris que leurs souscriptions empressées
ont mis à même de restaurer complètement cette chapelle, et de l'orner de ses belles statues qui ont été
bénites, dans le mois de juin 1876, en présence d'une
foule considérable.

Les armes de la famille de Rochechouart étant gravées sur la base des pilastres au milieu desquels est
encadré l'autel du Sacré-Cœur, quelques auteurs en ont
conclu que cet autel a été donné par Mme de Montespan,
ce que nous ne saurions ni contredire, ni affirmer.

Le regard doux et triste de Notre-Seigneur Jésus-
Christ invite à s'agenouiller pour faire amende hono-
rable, et pour consoler le cœur du Fils, avant d'aller
compatir aux souffrances de la Mère, car, entre la chapelle du Sacré-Cœur et celle de Notre-Dame, il n'y a
plus que l'autel de saint Joachim.

Comme on a pu le remarquer, les différents autels
sont tous voués à la bienheureuse famille de Marie, qui
est la Reine et Maîtresse du sanctuaire.

Telle est l'histoire des constructions successives
faites, de nos jours, aux Ardilliers. Les aumônes des
pèlerins, et surtout la générosité des Saumurois, rendent, peu à peu, à cette antique église, sa vieille splen-
deur et son premier éclat.

Aux preuves déjà citées, il faut en ajouter une autre
qui sera durable comme la pierre.

On se rappelle qu'en 1870, Mgr Freppel vint consacrer à Notre-Dame-des-Ardilliers son diocèse tout entier,
et particulièrement notre ville, à l'époque où les Prus-
siens victorieux menaçaient d'envahir l'Anjou. La paix
ayant été conclue peu de temps après, le R. P. Fort,
premier supérieur des *Enfants de Marie Immaculée*, à
Saumur, et, par la suite, missionnaire apostolique dans
les Antilles Anglaises, plein de reconnaissance pour cette
protection manifeste, conçut le projet d'ériger, comme

témoignage public de gratitude, un monument élevé aux frais des habitants, dont les vœux avaient été exaucés. On souscrivit aussitôt pour. l'érection d'un chemin de la croix, qui devait être offert en *ex-voto* au sanctuaire de Marie.

Ce chemin de la croix, que la sculpture et la peinture avaient fait digne du monument auquel il était destiné, fut solennellement érigé par M⁢ l'Evêque d'Angers, en personne, le 16 mars 1873, troisième dimanche de carême, comme en fait foi le procès-verbal suivant, rédigé par le prélat et signé de sa main.

« Nous, Charles-Emile Freppel, par la grâce de Dieu et l'autorité du Saint-Siège Apostolique, évêque d'Angers,

« Usant des facultés à nous concédées par Indult Pontifical du 22 décembre 1870,

« Avons érigé les stations du chemin de la croix dans la chapelle publique de Notre-Dame-des-Ardilliers, à Saumur, en y attachant toutes les indulgences accordées à cette dévotion par les Souverains Pontifes. La cérémonie a eu lieu en présence de tout le clergé de la ville de Saumur et d'une affluence considérable de pieux fidèles, le troisième dimanche de carême, seizième jour du mois de mars, de l'an de grâce 1873.

« En foi de quoi nous avons dressé et signé le présent acte, qui sera déposé dans les archives du sanctuaire de Notre-Dame-des-Ardilliers.

» † Ch.-Émile, évêque d'Angers. »

Cette cérémonie fut, pour Saumur, une nouvelle occasion de manifester sa piété envers son cher pèlerinage. Nous lisons, en effet, dans l'*Echo Saumurois* du 20 mars 1873, la relation que voici :

« Si la foi catholique, à Saumur, avait besoin de consolation, en présence des tristes efforts tentés depuis quelque temps par une impiété heureusement impuissante, elle eut été, dimanche dernier, surabondamment satisfaite. Jamais plus imposante manifestation n'avait réjoui les âmes chrétiennes depuis le jour où le moins libéral des arrêtés voulait nous interdire une procession aux autels si populaires de Notre-Dame-des-Ardilliers.

« La belle et pourtant si spacieuse église de Notre-Dame était tout à fait insuffisante à contenir les flots pressés de la population saumuroise, et les portes du sanctuaire vénéré étaient assiégées par une foule au moins égale à celle qui, déjà, remplissait l'intérieur.

« Deux mobiles particuliers conduisaient là cette foule de fidèles. Double motif de consolation qui a laissé dans les cœurs chrétiens une heureuse impression qu'on nous a demandé de fixer ici.

« On voulait d'abord faire acte de confiance et d'amour à cette Vierge des Ardilliers, qui reçoit d'âge en âge les hommages, les supplications et les vœux de tant d'âmes que le monde ne peut ni consoler ni sauver.

« A l'heure où l'invasion menaçait les murs de la cité, des âmes dévouées avaient adressé leurs ferventes sollicitations à la Vierge qui, dans ces derniers temps, a si libéralement répandu, parmi les épreuves de la France, ses complaisances maternelles. De leur prière, une promesse était née. Sous l'inspiration du pieux missionnaire que son zèle emportait naguère, loin de la patrie, vers des âmes à sauver, un chemin de croix devait être offert en *ex-voto* au sanctuaire de Marie. Or, ce chemin de croix, que la peinture et la sculpture avaient fait digne du monument auquel il était promis, allait être bénit par Msr Freppel, et cette foule, dévouée à la Bonne-Dame, voulait joindre à ces bénédictions les témoignages d'une foi et d'une dévotion traditionnelles à Saumur.

« On s'empressait, en second lieu, pour entendre la voix du pasteur, de l'évêque, aujourd'hui l'honneur du diocèse, et que l'autorité de son zèle, de sa science et de son éloquence a placé tout de suite aux premiers rangs de l'épiscopat français. »

Afin qu'on n'oubliât pas la noble origine de ce chemin de la croix, ni les circonstances particulièrement touchantes dans lesquelles il avait été offert, deux inscriptions latines, dues au talent d'un savant Jésuite de Rome, le R. P. Antoine Angelini, furent gravées, par nos soins, sur marbre, en lettres d'or, et placées dans deux encadrements supplémentaires, semblables à ceux des stations. Nous en donnons ici la traduction (1)

1° Celle de gauche :

« Notre-Dame-des-Sept-Douleurs, Mère de Dieu, exauçant les prières qui lui avaient été adressées, préserva, le 13 des calendes d'octobre, l'an du Christ 1870, de l'invasion imminente des Allemands, la ville de Saumur. Pour perpétuer le souvenir de ce bienfait, les Saumurois firent établir les stations du chemin de la croix, et Mᵍʳ Charles-Emile Freppel les érigea la veille des Nones de mars de l'an 1873. »

2° Celle de droite :

____

(1) Voici ces deux inscriptions.
1° Celle de gauche :
*Anno. Christiano. MDCCCLXX. XIII. Kalendas. Octobres. Mater. Dei. Maria. Perdolens. Exorata. Sospitavit Ab. Ingruente. Germanorum. Exercitu. Salmurium. Quod. Beneficium. Ne. Oblivione. Obruetur. Salmuri*nses. Ædiculas. Itineris. Christi. Dei. Ad. Calvarium. Extruxerunt. Easque. Carolus. Æmilius. Freppel. Episcopus Andegavensis. Dedicavit. Prid. Non. Mart. A. MDCCCLXXIII.*
2° Celle de droite :
Anno. Christiano. MDCCCLXX. XIII. Kalendas. Octobres. Carolus. Æmilius. Freppel. Episcopus. Andegavensis. Matri. Dei. Mariæ Perdolenti. Solemni. Ritu. Sacravit. Diœcesim. Andegavensem. Et. Pro. Concione. Commendavit. Avitam. Salmuriensium. Pietatem. Et. Fidem. Qui. Se Virgini. Matri. Perdolenti. Devoverant. Annis. MCCCCLIV. Et. MDCXV.

« L'an du Christ 1870, le 13 des calendes d'octobre, Mgr Charles-Emile Freppel, évêque d'Angers, consacra solennellement son diocèse à Notre-Dame-des-Sept-Douleurs, Mère de Dieu, et, dans son discours, rappela avec éloges la foi et la piété antiques des Saumurois qui s'étaient consacrés à la Mère des Douleurs par deux fois, l'an 1454 et l'an 1615. »

On peut voir que la source des dons n'a jamais été tarie, pas plus de nos jours qu'à l'origine du pèlerinage (1).

Parmi les offrandes qui ont été faites à Notre-Dame-des-Ardilliers, nous sommes heureux de mentionner celle d'un riche ornement, envoyé de Besançon, par S. E. le cardinal Mathieu. L'envoi était accompagné de la lettre suivante :

ARCHEVÊCHÉ   « *Besançon, le 22 février 1864.*
DE
BESANÇON

          M.

« C'est de tout mon cœur que je me suis acquitté avec ma sœur de notre devoir de reconnaissance envers Notre-Dame-des-Ardilliers, et que je vous ai fait mon offrande... Demandez à la *Bonne-Mère* que nous nous tenions toujours sous sa main pour ne vouloir que sa volonté soit en la vie soit en la mort.

« Je prie le Seigneur de bénir votre maison, et je vous assure de mon respectueux dévouement.

          » † CÉSAIRE,

          » Card Archev. de Besançon. »

---

(1) Il a été fait, depuis l'arrivée des *R. Pères de Chavagnes* aux Ardilliers, pour vingt mille francs de réparation ou d'ornementation dans l'église (1867-1882).

Nous ne parlerons ici, ni du sceptre et du diadème, offerts par un vénérable évêque d'Angers, Mgr Angebault, ni du lys en or et de la rose en argent, donnés, par un généreux pèlerin du département de Saône-et-Loire, pour servir de pendant au sceptre et au diadème, ni des autels de saint Joachim, de sainte Anne, de saint Jean, récemment embellis et enrichis de statues neuves, ni des nombreux objets d'ornementation multipliés, ces dernières années, dans toutes les parties de l'église.

Il nous suffira de rappeler que ces richesses, bien modestes encore, sont dues à la continuation ininterrompue des offrandes et des aumônes. Au temps où nous vivons, les dons princiers ont cessé, comme les largesses royales, faute de rois et de princes. Il est donc indispensable que les offrandes particulières se multiplient, si minimes soient-elles, pour que l'on puisse enfin donner à ce monument la perfection qu'il n'a pas encore, tant il reste de choses à faire.

CHAPITRE XI

FAVEURS SPIRITUELLES ACCORDÉES AUX PÈLERINS

L'Eglise, voulant récompenser ou exciter la bonne volonté des chrétiens, a joint ses faveurs à celles de la Très Sainte Vierge.

Les évêques d'Angers, les premiers, n'ont cessé de favoriser ce pèlerinage : situé au centre des populations saumuroises, si dignes d'intérêt par leurs mœurs pleines de distinction et d'aménité, il a nécessairement une importance considérable, à raison du culte traditionnel que lui vouent les âmes, même celles qui sont moins portées, hélas ! aux pratiques religieuses.

Récemment encore, ils ont appliqué quarante jours d'indulgence à la pieuse invocation : *Notre-Dame-des-Ardilliers, priez pour nous.*

A son tour, sur l'humble requête de M⁣ᵍʳ Gallot, camérier d'honneur de sa Sainteté, et supérieur général des Missionnaires auxquels est confiée la direction du pèlerinage, l'immortel Pie IX, dispensateur généreux des trésors spirituels, a daigné l'enrichir abondamment de grâces célestes.

Ces grâces on été renouvelées et confirmées par Léon XIII ; car, en vertu d'un Bref, délivré le 2 août 1881, on peut gagner, aux conditions ordinaires, une indulgence plénière, applicable aux âmes du Purgatoire, en visitant l'église des Ardilliers, aux fêtes de l'*Immaculée Conception*, de la *Purification*, de l'*Assomption* de la bienheureuse Vierge Marie, ainsi que le vendredi de la semaine de la Passion, jour où l'on célèbre la fête de *Notre-Dame-des-Sept-Douleurs.*

Le même Bref accorde trois cents jours d'indulgences à tous ceux qui prient, pendant quelque temps, devant l'autel de la Sainte Vierge.

Puissent ces largesses de l'Eglise attirer de plus en plus les fidèles, et particulièrement les habitants de Saumur vers ce pèlerinage célèbre qui leur rappelle tant de souvenirs honorables !

C'est notre vœu le plus ardent, à nous qui avons reçu la mission de faire valoir cet héritage spirituel.

PREMIÈRE NOTE

Rapport entre la population protestante et la population catholique de Saumur au XVIIᵉ siècle

Pour former le tableau suivant, nous avons compté le nombre des naissances de chaque année, puis nous en avons fait des tables décennales que nous donnons ici. Nous avons supposé qu'il naissait un enfant sur trente et un habitants (3/10ᵉˢ). Cette proportion peut n'être pas la véritable ; mais puisque nous la prenons pour les protestants comme pour les catholiques, personne n'a droit de s'en plaindre. Cette proportion est celle qui existe à Rome, de nos jours. Nous avons cru remarquer des analogies entre la Rome d'aujourd'hui et la France du XVIIᵉ siècle sous ce rapport : d'une part, il y avait des couvents comme il en existe à Rome, et, en second lieu, les familles étaient alors très nombreuses, comme elles le sont encore en Italie, où l'on remarque fréquemment des familles de huit, dix ou douze enfants.

		NAISSANCES	HABITANTS	
	Nantilly	807	2.525	91
	Saint-Pierre	1 689	5.286	57
	Saint-Nicolas	534	1.671	42
De 1613(¹) à 1622	Catholiques.	3 030	9.483	90
	Protestants	532	1.665	16
	Population de la ville .		11.149	06

(¹) *Nous n'avons pu faire remonter plus haut ce tableau comparatif, parce que les registres de Nantilly qui précèdent 1613 n'existent plus.*

Nous avons maintenu cinq ou six naissances de protestants bien que les parents de ces enfants habitassent Les Rosiers, Longué, Montreuil ou d'autres communes environnantes.

		NAISSANCES	HABITANTS	
De 1623 à 1632	Nantilly	641	2.006	33
	Saint-Pierre	1.735	5.430	55
	Saint-Nicolas	626	1.959	38
	Catholiques	3.002	9.396	26
	Protestants	303	948	39
	Population de la ville		10.344	65
De 1633 à 1642	Nantilly	1.068	3.342	84
	Saint-Pierre	2 348	7.349	24
	Saint-Nicolas	831	2.601	03
	Catholiques	4.247	13.293	11
	Protestants	416	1.302	08
	Population de la ville		14.595	19
De 1643 à 1652	Nantilly	1.239	3.878	07
	Saint-Pierre	2.374	7.420	62
	Saint-Nicolas	977	3.058	01
	Catholiques	4.590	14.356	70
	Protestants	312	956	56
	Population de la ville		15.313	26
De 1653 à 1662	Nantilly	983	3.076	79
	Saint-Pierre	2.722	8 519	86
	Saint-Nicolas	851	2.663	63
	Catholiques	4 556	14.260	28
	Protestants	388	1.214	44
	Population de la ville		15.474	72

		NAISSANCES	HABITANTS	
	Nantilly	1.024	3.205	13
De	Saint-Pierre.	2.822	.8.832	86
1663	Saint-Nicolas	857	2.682	41
à	Catholiques.	4.703	14.720	39
1672	Protestants	323	1.010	90
	Population de la ville .		15.731	38

Nous n'avons pu continuer plus-loin ce tableau, parce que les registres des protestants qui nous restent ne vont pas au-delà de 1775.

On voit donc ce qu'était la proportion des protestants par rapport aux catholiques. Allons plus loin : ne calculons, par exemple, pendant la période 1613-1622, que une naissance catholique sur trente habitants,

nous aurons. . . . . . . 9.090 habitants catholiques.

Maintenant, supposons que les protestants ne donnent que une naissance sur quarante habitants, nous aurons, pour cette même période, qui est celle où ils ont le plus grand nombre de naissances, où Duplessis-Mornay était à Saumur,

nous aurons, dis-je, ... 2.128 protestants.

Voilà le plus haut chiffre qu'on puisse atteindre.

On objectera le rapport de Miromenil, où l'on voit que la ville, peuplée alors (1699) d'environ 6.500 âmes, était autrefois plus peuplée de moitié.

Mais on sait comment se font les rapports officiels ; il suffit de voir les corrections de M. Marchegay pour s'apercevoir que ce rapport est plein d'inexactitudes. Mais voici quelque chose de plus : à l'endroit même où M. Miromenil ne donne que 6,500 âmes à Saumur, il partage ce nombre en 1.750 feux, ce qui ne ferait que trois habitants 7/10° par chaque : calcul évidemment faux, puisque de nos jours, où les familles sont moins nombreuses qu'elles ne l'étaient alors, chaque feu doit être compté comme renfermant plus de trois personnes. Ainsi il faut choisir entre le nombre des feux et celui des habitants signalés dans le rapport, et l'on voit qu'ils se détruisent l'un par l'autre.

Mais, pour épuiser la discussion, voyons donc le nombre des naissances :

		NAISSANCES	HABITANTS	
Depuis 1691 jusqu'à 1700	Nantilly	1.046	3.273	98
	Saint-Pierre	1.693	5.314	74
	Saint-Nicolas	688	2.153	44
	Population	3.432	10.742	16

L'année 1699, citée par Miromenil, a vu enregistrer :

	NAISSANCES	HABITANTS	
A Nantilly	125	3.912	50
A Saint-Pierre	186	5.821	80
A Saint-Nicolas	90	2.817	00
Total	401	12.551	30

Ce qui, en admettant le chiffre de 6,500 âmes, donnerait une naissance sur 16,20 habitants, proportion évidemment beaucoup trop forte. Notre même proportion nous donne 12,551,30 habitants. S'il y a quelque diminution sur les années antérieures, cela n'est point étonnant. La retraite des protestants a déplacé une petite partie de la population catholique, comme il arriverait de nos jours si l'on éloignait de nos murs l'École de Cavalerie : plusieurs iraient sans doute chercher fortune ailleurs. Mais le nombre des protestants saumurois était bien plus faible qu'on ne l'a dit ; c'était ce que nous voulions démontrer.

DEUXIÈME NOTE

Nomenclature des diverses réparations faites à Notre-Dame de 1844 à 1881

1844. — Reconstruction des arceaux, entre la chapelle Servien et la nef. — Dallage de cette chapelle. — Construction du rocher de sainte Marie-Madeleine.

1845. — Réparation à la grande porte d'entrée.

1845. — Réinstallation totale de toutes les fenêtres du dôme.

1847. — Installation de la nouvelle statue de sainte Madeleine. Cette statue a coûté 440 francs.

1848. — Dallage du chœur et de la nef.

De 1849 à 1863. — Reconstruction de la chapelle de la Sainte Vierge. — Réparation au grand autel et à l'autel de saint Joseph. — Dallage du dôme.

Les diverses réparations, ci-dessus indiquées, ont coûté la somme totale de 77,479 fr. 67 cent., ainsi répartis :

1. Maçonnerie	33.909	17
2. Charpente	4.832	50
3. Serrurerie	3.858	09
4. Fenêtrage	1.921	22
5. Toiture	1.345	19
6. Menuiserie	1.203	80
7. Peinture	946	40
8. Dallage. — Achats divers	3.353	40
9. Sculpture	26.169	85

Sur les 26,169 francs employés aux travaux de sculpture, 6,200 ont été consacrés à la réparation du maître-autel et à l'achat des statues que M. Choyer a groupées autour de la croix, dans le grand encadrement du rétable.

Trois autres mille francs ont payé la réparation de l'autel de saint Joseph et le groupe représentant le songe de saint Joseph, œuvre de M. l'abbé Choyer. Cette œuvre a disparu.

Il reste donc 16,969 fr. pour les sculptures, les statues et l'autel de la Sainte Vierge.

1873 — Stations du Chemin de la Croix.

1876. — Réparations à l'autel du Sacré-Cœur. — Installation des différentes statues de la balustrade.

1877. — Construction de la galerie extérieure qui couronne le dôme et des verreries transparentes du campanile. — Installation d'une nouvelle croix sur la boule placée au sommet du monument.

1881. — Réparations à l'autel de saint Jean. — Installation de la statue et de la balustrade. — Installation des statues de sainte Anne et de saint Joachim à leur autel respectif.

1882. — Parquet neuf dans le vestiaire de la sacristie. — Réparation du parquet et des lambris de toute la sacristie.

TABLE DES MATIÈRES

SAUMUR, IMPR. GIROUARD ET RICHOU. — 30-834

www.ingramcontent.com/pod-product-compliance
Lightning Source LLC
LaVergne TN
LVHW020540060726
842525LV00004B/1238